都梁石 著

北海如象

唐代书法家李邕的故事

海峡出版发行集团｜福建教育出版社

图书在版编目（CIP）数据

北海如象：唐代书法家李邕的故事/都梁石著.
福州：福建教育出版社，2025.7. —ISBN 978-7-5758-0466-0

Ⅰ.K825.72

中国国家版本馆 CIP 数据核字第 2025BL5231 号

Beihai Ru Xiang

北海如象

——唐代书法家李邕的故事

都梁石　著

出版发行	福建教育出版社
	（福州市梦山路 27 号　邮编：350025　网址：www.fep.com.cn
	编辑部电话：0591-83727011
	发行部电话：0591-83721876　87115073　010-62024258）
出 版 人	江金辉
印　　刷	福建省地质印刷厂
	（福州市金山工业区　邮编：350011）
开　　本	710 毫米×1000 毫米　1/16
印　　张	9
字　　数	111 千字
版　　次	2025 年 7 月第 1 版　2025 年 7 月第 1 次印刷
书　　号	ISBN 978-7-5758-0466-0
定　　价	36.00 元

如发现本书印装质量问题，请向本社出版科（电话：0591-83726019）调换。

前　言

中国书法是中华优秀传统文化的核心标志之一，是中华文明得以延绵不绝的一个重要因素。中国书法艺术的起源、形成、传承和发展，靠的是一批又一批书法家守正创新、继往开来的不懈追求。这里介绍一位鲜为人知又名重书史的重要书法家，他不仅书艺高超，也颇有人生故事，他就是唐朝的书法家李邕。

2014年10月，习近平总书记在文艺工作座谈会上讲话时指出："创新是文艺的生命。文艺创作中出现的一些问题，同创新能力不足很有关系。"为了说明中国历史上对文艺创新的追求，习近平总书记列举了古代名家中的三个典型代表，其一是"刘勰在《文心雕龙》中就多处讲到，作家诗人要随着时代生活创新，以自己的艺术个性进行创新"，其二是"唐代书法家李邕说：ّ学我者拙，似我者死'"，其三是"宋代诗人黄庭坚说：ّ随人作计终后人，自成一家始逼真。'"为什么习近平总书记在谈文艺创新时提到了唐代书法家李邕呢？李邕是一个什么样的人？他在中国的书法界地位如何呢？当代知道李邕的人较少，介绍李邕的资料也不多。明代著名书法家董其昌在评价历史书法名家成就时说过"右军如龙，北海如象"。右军即王羲之，北海就是李邕，董其昌将李邕与王羲之相提并论，说明他对李邕十分推崇，赞李邕的书法是最具成就的"龙象"之尊。这足以说明李邕是历史上一位名气很大的书法家。而与李邕同时代的李白、杜甫、王翰等历史上鼎鼎大名的诗词大家，不仅都钦佩李邕的书法，更是景仰李邕的文章。但在历史的记忆中，在今日对书家的介绍中，人们给予李邕其人其书法其文章的关注是不多的。

笔者学习书法是从"二王"正脉入手，但久而久之，总走不出"王书"的框架，后来在学习中得知，学"二王"最到位又创新求变最成功的当数唐代书家李邕，这就引起笔者的关注。李邕是如何学得"王法"，又是如何"走出来"的？这进一步强化了笔者对李邕其人其书的探知欲望。而后笔者仔细"品尝"李邕的书法，从李邕的笔画处理与习惯中找到某种契合，猛然中发现有种跨越时空进行历史对话的感觉。不仅李邕稳健灵动的书法吸引着笔者，同时李邕神秘的生平也引发了笔者的好奇。笔者先是随意看了些李邕的介绍，发现其人生曲折命运多舛，满篇都是历史故事；而对李邕的章法、笔法、结体更是有着相见恨晚之感，又让笔者觉得与其有着某种程度的密码相通。从学习取法其书，到研究探察其人，多少有点"神交古人"之味。

笔者学习书法努力承袭"二王"之法，又从众多书法大家中汲取营养，其中专学专取李邕法度。在勤学李邕书法的同时，笔者注意系统收集李邕的生平历史和有关的书法故事，并从若干方面来深度观察李邕其人其书及心路历程。研究书法家的个人历史让人不仅能更加了解书法家的内心世界，也能从其性格特征中更好地领悟其书法特色和成就，这样学书取法或更加深入。

关于李邕，《旧唐书》和《新唐书》都有记载。《旧唐书》成书于后晋开运二年（945），资料丰富，署名刘昫等撰，实为当时的宰相赵莹主持编修，书中记述李邕有文集七十卷。北宋徽宗下令编撰的《宣和书谱》，则赞扬李邕"文章书翰俱重于时，惟邕得之"。

关于书法家李邕的系统介绍并不多，散见于历史的多方资料，或是书评，或是史传，尚未见一个通俗的读本能让人们全面了解李邕，也未见从多方面多视角来认识李邕的书法及其人生。孟子曰："颂其诗，读其书，不知其人，可乎？是以论其世也。"同样道理，学习书法也要知其法度法源，研究了解书法家其人其事。本书正是基于这样的考虑，即学习书法取法书法大家，要从了解书法家这个人入手，学其艺，知其"法"，察其源，品其书，悟其人，观其变，通其心。既要领悟其书法风格，也要知晓其为人处世的方法。这样学习书法，神交古代书家，也许感悟更深，甚至可收事半功倍之效。

笔者广泛收集书法家李邕的书法碑帖，参考了关于他生平的介绍资料，从李邕的生平事迹、书法成就、创新求变、碑帖作品、诗文歌赋、人品特点、命运经历，以及后人对他的评价及如何传承等方面进行系统研究、梳理描述，形成书法家李邕的故事，以飨读者，并求教于方家，亦望成为一件文化整理与书法探源、学习感悟的益工雅事。

目　录

第一章　绝艺人生 …………………………… 1

第二章　书法成就 …………………………… 16

第三章　风格创变 …………………………… 27

第四章　代表碑作 …………………………… 43

第五章　诗文高手 …………………………… 65

第六章　狂傲人品 …………………………… 81

第七章　多舛命运 …………………………… 90

第八章　李邕后评 …………………………… 100

第九章　传承影响 …………………………… 110

附：学习李邕书法的感悟 ………………… 126

第一章　绝艺人生

翻开中国的书法历史，我们感悟到优秀传统文化的厚重，感受到华夏文明的博大精深，感察到书法在中华文化演进中的重大贡献。仰望繁星灿烂的书法星空，我们仿佛看到历代书法大家的艺术光芒透射的文化基因。在满天的闪烁星座里、在众多的书法大家中，李邕并不像王羲之、颜真卿等大家那样为众星所拱，也不及欧阳询、米芾、赵孟頫等名家为人们耳熟能详，李邕在一般人心目中可能没有太多印象，他的名字对于不少现代人而言是陌生的，名声显然没有同时代和后世书法名家那样响亮，但历史总需钩沉，"金子总会发光"。李邕书法实际的成就远在其传名之上；李邕的书法作品可能没有同时代或后世书法名家的作品那么声名彰著，但他的书法水平和对书坛的影响却在许多书法名家之上。

李邕其人

李邕是我国唐代著名的书法家，也称得上是著名文学家。他是享有盛名的一代学士，尚经崇典，能诗善文，尤长碑颂。他也是朝廷名臣，为官40余年，官至户部郎中；后出任括州刺史、北海太守等职，并终于北海太守之职，故人称"李北海"。"北海如象"的"北海"正源于此，死后李邕追赠秘书监。

李邕，字太和，出生于公元675年即唐高宗上元二年（一说是公元678年，即唐高宗仪凤三年）；去世时是公元747年，即唐玄宗天宝六年。古云"年过七十古来稀",李邕活到73岁,在当时的医疗卫生和生活条件下,加上战争频仍的环境,人均预期寿命只有50多岁,他算是比较高寿的了。李邕在世的时期,正是唐朝(618—907)的中前期。唐玄宗李隆基登基后,唐朝逐步进入鼎盛之时,唐玄宗天宝十四年(755)发生安史之乱后日渐衰落。李邕去世是在安史之乱的前几年,他没有经历安史之乱,少了战争的扰乱,却经历了初唐高宗、中宗、睿宗、武周、玄宗等朝,可以说武周与李唐更替斗争的全过程贯穿了其前半生。李邕生活的这一时期,统治者励精图治,经济文化昌盛,人民安居乐业,唐与世界各地的文化交流频繁。李邕作为朝廷仕官、文人书家,生活在文风盛行、文人备受尊敬的文化盛世,可谓生逢其时;但这一时期又处于李唐与武周、韦后等政治势力的明争暗斗过程中,他也难免被牵涉到朝廷的一些是非纷争之中。

历经289年的唐朝,是中国封建时期的一个大一统王朝,在中国历史和世界文明史中颇有影响、多有成果,在中国书法史上也是繁星灿烂。唐初在经历了唐太宗李世民的"贞观之治"、唐高宗李治前期承贞观遗风的"永徽之治"后,又经历了武则天临朝、称帝,朝廷斗争骤然激烈,唐内部发生了巨大变故,外戚势力增强,内外矛盾交织。武则天是中国正史上唯一的女性皇帝,即位时已67岁,她当了15年皇帝。武则天退位后,外戚专权,朝中矛盾激化,社会发展相对停滞。玄宗登基后,恢复太宗时的制度,社会经济逐步复苏,时政出现繁荣景象,史称"开元盛世"。

盛世兴文,弦歌高奏,唐代书法繁荣发展成为晋代以后的又一高峰,此时期真、行、草、篆、隶各书体都出现了影响深远的书法名家。初唐社会安定,经济日益繁荣,加上唐太宗李世民喜好书法,特别是推崇王羲之书法,书法艺术得以蓬勃发展。初唐学习书法之风盛行,以欧阳询、虞世南、褚遂良与薛稷为代表的初唐书家,追崇晋法,学逮晋风，以右军为正宗。李邕出生时，离初唐盛世的"贞观之治"已相去近30年，其时初唐的书法大家，同时也曾是朝廷红人、与太宗朝夕论书的褚遂良逝世已经近20年了。李邕少年时期，正处于武则天当政的时代。公元683年高宗病逝，太子李显即位，是为唐中宗，尊武后为皇太后；公元684年，太后废中宗为庐陵王，立李旦为帝，是为唐睿宗，改年号为光宅。公元690年九月初九日武则天改唐为周，定都洛阳。神龙元年，即公元705年，武则天退位，中宗复位，恢复唐朝旧制。睿宗初立、武则天临朝称制的光宅元年（684），李邕只有10岁。

李邕出生于崇文之家、书香门第，幼承家学，耳濡目染时代书风和家庭的文化气息，文史、书法基础扎实。《新唐书·宰相世系表》云："江夏李氏：汉酒泉太守护次子昭，昭少子就，后汉会稽太守、高阳侯，徙居江夏平春。六世孙式，字景则，东晋侍中。生嶷。嶷生尚，字茂仲；生矩，字茂约，江州刺史；生充，字弘度，中书侍郎；生颙，郡举孝廉，七世孙元哲。"这里讲的"元哲"，就是李邕的爷爷李元哲。李邕的父亲叫李善，是唐代著名的《文选》（《昭明文选》）学者。李善生于书香门第、名门望族，精于文章书翰之事。《旧唐书》称李善"方雅清劲，有士君子之风"。他于高宗朝任过太子内率府录事参军（相当于监察官员）、崇贤馆直学士、潞王府记室参军、沛王侍读、秘书郎、经城令等官职。后因牵涉贺兰敏之案而流配姚州（今云南姚安县）。李善受业于隋唐之际的《文选》名师曹宪。

《文选》是中国现存最早的一部诗文总集，由南朝梁武帝的长子萧统组织文人共同编选，萧统谥号"昭明"，故该诗文集称为《昭明文选》。《文选》所选作家上起先秦，下至南朝梁初，对当时及后世影响很大。魏晋到南朝齐梁这一时期是中国文学史上文学自觉和转型的时代，各种文学形式竞相发展并趋向定型成熟，作家和作品数量非常多。萧统以太子之尊，引纳天下知名文士，组织《文选》编撰，在当时是一项重要的文化工程。而为了便于阅读，补释相关内容，后人又为《文选》作注。李邕的父亲李善就是专门为《文选》作注的专家，李善的《文选注》是历史上四大"名注"之一。

李善正直而博学，为官敢谏遭贬，后专心于学术，他所注《文选》分六十卷，至今被视为《文选》最主要的注本之一。我们现在所读《昭明文选》的本子，十有八九是李善所注的那个版本。有资料称李善晚年流放云南后，遇到皇帝大赦放返，从此隐居于河南开封等地，做起了讲学老师，专门讲授《文选》。

当时由于研注讲说《文选》的人多，后来竟形成了一门学问，称"《文选》学"，就如近代研究《红楼梦》形成了"红学"一样，有专门的机构和一批专家。李善注过《文选》，通晓《文选》中的内容背景，在众多的讲学者中水平较高，他讲得生动，说得透彻，听者如云，吸引了八方关注，李善也乐于此道，发挥着自己讲经立说的优势。当然，最早创立《文选》学的是扬州江都人、隋朝的秘书学士曹宪。李善亦居江都之地，有近水楼台先得月之便。李善拜曹宪为师，寓居江都师事曹宪达十年之久，后下定决心系统为《文选》作注，终成《文选》研究一代宗师。李善所作的《文选注》，广涉史实，旁征博引，内容极其丰富，对推动《文选》学的发展，提升其影响力起到关键作用。

由于家传，李邕也有其父崇研文学、博古论今的文化素养和敢于直言、不善权谋的性情特点，以至于在人生道路上虽文运发达，善文喜诗长书，却仕途不顺。他的人生屡受挫折，命运多舛，恐怕与其家庭背景和性格特点大有关系。

存疑考释

关于李邕其人的介绍中,有两点在历史上仍是存疑的:一是关于李邕的生年,即到底李邕生于哪一年;二是关于李邕是哪里人,即李邕的祖籍、出生地、成长地等的争议。

关于李邕的生年,目前有两种说法,一说是公元678年生(即唐高宗仪凤三年),卒于公元747年(唐玄宗天宝六年),终年70岁;另一说是公元675年(唐高宗上元二年),卒于公元747年,终年73岁。李邕的卒年没有争议,但生年却有两种说法。

《新唐书》关于李邕的记载

《新唐书》中记载：天宝六载（747）春正月，"诏刑部员外郎祁顺之、监察御史罗希奭就（北海）郡杖杀之，时年七十"。按李邕卒年70岁推出李邕的生年是公元678年，即第一种说法。但《旧唐书》对李邕卒岁的记载却不同。《旧唐书》卷一百九十中记为"七十余"，就是说李邕活到70多岁，不是七十岁整。李昂在李邕墓志铭中明载："年七十三卒于强死。"另有资料也考证李邕终年73岁，李昂是李邕的族子，此处的记载应更加准确可信，因此这一说法更为准确。

李邕墓志铭（局部）

李邕人生的七十三年，恰逢唐代文化比较繁荣之时。盛唐时期，书法风格已由初唐方正向雄健发展，出现了新风格的唐楷和草书，张旭、怀素、颜真卿、柳公权等著名书家在狂草和楷书上开创了新境界，书风也从宗王羲之一家向多样化创新发展，而李邕在其中起到了一定的作用。

关于李邕的出生地也有两种说法：一说是广陵、江都，即今江苏扬州；另一说是江夏，即今湖北武汉一带。

学者吴培根编著的《李善和李邕》考证李善、李邕出生地在县治武昌洪山，后到江夏县钟台山居住，即今湖北咸宁市咸安区大幕乡桃花尖村。李善在此撰成《文选注》（初注本），从而奠定其《文选》学的宗师地位，李邕幼年在此读书成长。吴培根论断李善、李邕是江夏人，这与两部《唐书》说的李善、李邕都是扬州江都人不同。清代扬州学派的阮元在《扬州隋文选楼记》中载："《唐书》于李善称江夏人，而李邕乃曰江都人，盖江夏乃李氏郡望。"《唐韵》中也记载，李氏有江夏望，《大唐新语》亦称江夏李善，李白诗中亦称江夏李邕，这些都是对李善、李邕的郡望称呼，即称其祖籍。当时的文化名家如杜甫、李白在诗中都称李邕为江夏人。杜甫《八哀诗》中有《赠秘书监江夏李公邕》，李白有《题江夏修静寺》，注中称："此寺是李北海旧宅。"诗中"我家北海宅，作寺南江滨"，寺是指修静寺，北海宅是指李氏的老宅。连李邕本人都称自己是"江夏李邕"。江夏承袭楚文化的源脉，后又有中原汉文化的南迁，属文化交融活跃之地。

李邕在书法文化方面的成就是多种因素导致的，其中李邕所源的江夏李氏家族是东晋时期在江夏地区比较有影响的士族大户，在当时的政治文化领域很有地位，又有江夏活跃的文化环境，这对李邕影响颇大。李氏家族先祖起于中原，是名门望族，后随晋南迁，居于江夏数百年，后才迁居扬州，李氏族人一向自称江夏人。李昂《唐故北海郡守秘书监江夏李公（邕）墓志铭并序》云：公讳邕，字太和，本赵人也，烈祖恪随晋南迁，食邑于江，数百年矣，其出未大，乃公前人讳善，显而不荣。可知李善、李邕一家实出江夏李氏，且是名门望族、书香世家。江夏李氏家族史料中记载有卫夫人和李廞等书家，其中卫夫人是晋中书郎李充的母亲，是王羲之的老师。

李邕先世出自赵郡。赵郡李氏渊源很深，始于秦御史大夫李昙之孙李牧，李牧当过赵国的丞相，封武安君，其子孙繁衍成为大族。李邕先世与李唐宗室都有渊源。唐代文士大多沿袭六朝门第余风，俱以郡望相许，当时的文人均喜称名门，故当时的文人如高适、杜甫、颜真卿、崔祐甫、李昂等及李邕本人仍依旧称曰"江夏李邕"。从东晋到唐代时期，由于书法不断发展，并日益受到朝廷重视，门阀士族为了保持家族的优势地位，也极力传承书法艺术，以显家族底蕴和时尚，李氏家族不仅保留了这一传统，而且不断传承光大。卫夫人嫁到江夏李氏家族，不仅把河东卫氏家族的书法成就和当时有名的钟繇的书法成就移植到李氏家族，而且使李氏家族的子弟得以接触到魏晋以来最高水平的书法。李邕生在这个家族，受到了家族书法熏陶是显而易见的。

《湖广武昌府志·古迹》载："钟台山，旧有修静寺，李北海读书其中。"这在地方志中找到了李邕青少年时期在江夏一带学习生活的证据。李邕随父亲于垂拱元年（685）迁咸宁钟台山，在咸宁，李邕生活了十多年，度过了他的青春年华。钟台山现属湖北省咸宁市咸安区大幕乡，这里地势高峻，环境优美，崇尚文风，宜于读书治学。这里又盛产茶叶，茶史甚古，产茶的自然环境十分优良，文人墨客往往慕名而来。历史上钟台山以桃花知名，山名桃花尖，水名桃花泉，洞名桃花洞。此山此水泡出的茶被誉为桃花绝品。据传李邕从小就爱喝这种茶。北宋地理总志《太平寰宇记》载：钟台山"上有桃花洞，昔李邕读书之所"。在这里我们可以想见一幅美好的历史画卷：在桃花盛开之季，李邕每每在

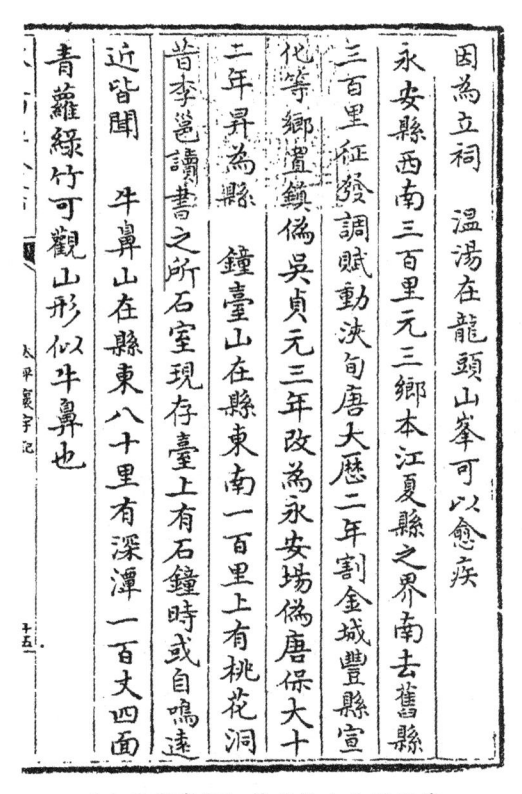

《太平寰宇记》关于钟台山的记载

此攻读，饱吸大自然精气，道法自然，天人合一；攻读之余，饶有兴致地观赏着桃花，品赏着桃花绝品，在桃花泉边学习写诗和书法，洗冲过砚台毛笔后伫立远思，对着大自然吟诗读经，思想的空间豁然开朗，天人合一的艺术感悟使其书法的功底得以逐步积淀。

千百年来，咸宁的文人墨客乃至广大青少年，慕名李邕的书法文采，桃花洞今已成为一处重要的文物遗迹。在桃花盛开或秋高气爽之时，登上清新雅美的钟台山一睹桃花洞的美景，观赏李邕的读书台，人们可以在此感受李邕这位咸宁历史文化名人和中国书法名家的少年风采。

奇才初露

李邕出生时，李善已经年近半百。老来得子，加倍珍惜。但李善对儿子并不溺爱，而是着力培养。李邕有着深厚的家学渊源、家风熏陶和文脉传承。李邕很小的时候就善写文章、诗歌，少年即已成名，真可谓"自古英雄出少年"。

在李邕的历史足迹中，扬州这一个地方也应提及。

两部《唐书》，均记李善、李邕是扬州江都人。《旧唐书》云："李善者，扬州江都人也……子邕，亦知名。"《新唐书》云："李邕，字泰和，扬州江都人。"

扬州有旌忠寺藏经楼，这里曾叫文选楼，唐朝重视文学，将《文选》与"五经"并驾齐驱。前已述及《文选》地位之高，考取功名《文选》是必读教材。至北宋年间，民间还有"《文选》烂，秀才半"的谣谚，意思是说把《文选》读熟了秀才就成功了一半。有史料记载，李邕的父亲李善曾在文选楼内读书撰著。现扬州旌忠寺旁边还有"曹李巷"，相传即因唐代两位大学者曹宪和李善曾居于此而得名。曹宪是唐时江都即扬州人，隋时任过秘书学士，唐太宗时拜散朝大夫，是音韵文字的专家，也是解读《文选》的高手。"李"就是指李邕的父亲李善，当时他就住在现在的"曹李巷"附近，并在文选楼内活动。李邕虽然称不上是神童，但也天资聪慧，才华过人，称得上是少年才俊，李邕在家学的熏陶下，少年时就擅长辞章而远近闻名。《新唐书》记载，李邕年轻时即知名，当初其父李善注《文选》时，居然父子共同讨论。李善精注《文选》，有时依词直译解析而忽略了文意内涵，也不善延伸拓展。李善注书过程中问李邕意见时，李邕碍于情面，先是不答，在李善一再追问后，李邕解除顾虑指出父亲一些注解的不足，李善听后觉得言之有理，干脆要求李邕修改补充，李邕根据词意在直译基础上适当延伸，受到其父赞赏。有的注解保留父子的两种注释，难以取舍，干脆将两者并录，史称"父子同注"。也就是说李邕作"附事见义"之释，与其父之注一起刊行，时年李邕才15岁，真是少年老成，学有建树。作为父子，他们能平等切磋，并且儿子能向父辈大胆提出自己的见解，说明李邕这个少年才俊学有所思，学有所成，后生可畏。

武后垂拱三年（687），李邕13岁时，与崔沔结交。崔沔，字善冲，唐朝诗人，博陵安平（今河北省安平县）人，博学多才，非常孝顺，谥曰孝公。有史载说崔沔是《陋室铭》的真正作者。武后载初元年（690）（载初是武后用的年号，有纪念之意），这一年是武后主张殿试之始。当时李邕16岁，其父李善已卒。《有唐通议大夫守太子宾客赠尚书左仆射崔孝公墓志》云："邕十三同学，廿同游，昼连榻于蓬山，夕比烛于书幌，直则为友，道则为师，一刚一柔，厥迹颇异，好文好义，职允攸同。"公元694年，李邕20岁时与崔沔同游洛阳。李邕22岁时去见特进李峤。特进是古代非正式官名，西汉后期始置，唐宋为文散官，没有实际执掌，但有特殊地位，官场地位较高，大致在"三公"之下，列侯之上。根据《新唐书》的记载，李邕在公元696年22岁时在少年同窗博陵崔沔的引荐下，与当时被奉为文坛泰斗的名才子内史李峤相识。颜真卿《通议大夫守太子宾客东都副留守云骑尉赠尚书左仆射博陵崔孝公宅陋室铭记》云："公与江夏李邕友善，为校书郎时引邕馆于秘阁之下，读书者累年，邕由是才名益盛。"由此可见，颜真卿、李邕是同时代的文人，颜真卿出生于公元709年，卒于公元784年，享年75岁。他比李邕年轻30多岁。颜真卿的记载说明，崔沔与李邕关系很好。崔沔引李邕去见李峤使其得以学业大进。李邕这次去见李峤是好学之心驱使，希望能读一读宫廷藏书。武后神功元年（697），李邕23岁，读书于秘阁。据《新唐书》记载，李邕"见特进李峤，自言'读书未遍，愿一见秘书'。峤曰：'秘阁万卷，岂时日能习邪'？邕固请，乃假直秘书。未几辞去，峤惊，试问奥篇隐帙，了辩如响，峤叹曰：'子且名家！'"这里的意思是说，李邕去见李峤，想到秘阁供读，李峤闻此不以为然地说：秘阁有万卷书，哪是短时间就能读完的？李邕再三恳求，于是李峤让他暂住。李邕在此一住数日，发奋读书，查经抄典，学而有方，如饥似渴。不久，李邕告辞回家。李峤眼见李邕的勤学之功，初感青年有志，有真才实学，更感在时间这么短的情况下，李邕竟能这么快就读完了不少藏书，故有意考考他。李峤专挑秘书本及未公开的文章问李邕，李邕却对答如流，如数家珍，李峤十分赞叹，断论李邕今后必成名家。

李峤为当时名才子，以文辞著称，与苏味道并称"苏李"，又与苏味道、杜审言、崔融合称"文章四友"，晚年成为"文章宿老"，官至宰相。史料称其仕前与王勃、杨炯接，中与崔融、苏味道齐名，晚则无人能比肩。与李峤的相识可以说是李邕人生的重要转折，就是我们常说的外遇贵人相助。李峤可说是慧眼识珠，或称伯乐识马，对李邕有知遇之恩。蒙李峤知遇，李邕得以进入秘阁读书，学识大有长进。

长安四年（704）李峤已是内史，与监察御史张廷圭共同引荐李邕，认为李邕"词高行直"，即文章高深，气质耿直，敢提意见，才格堪任谏诤之官，所以推荐李邕为左拾遗。从此李邕解褐衣，服青绶，开始在门下省担任讽谏的职事官，官阶为从八品。能够担任此种官职，说明李邕为人正直，敢言善谏，才华显露，敢于担当，为人所识。同时也表明，李邕走上仕途，不是通过科举考试而是得益于权贵的推荐。唐朝专门设谏官，广纳诤言以兼听则明，体现了朝政的开明，李邕此时是"适得其所，怀才有遇"。

李邕的刚直性格和过人学识、胆识很适合做谏官。有一件事足见李邕之胆略。在李邕任谏官的时候，武后已是垂暮之年，专宠张易之、张昌宗，张氏兄弟担心武后死后，李唐返正将祸及自身，故大肆安插党羽，以备后用。更有甚者，张昌宗自认有皇帝相，在外地建造佛寺，含有天子隐喻，被人告发。御史中丞宋璟揭发张昌宗等谋反事宜，武后有意姑息，对宋璟之奏置之不理。这时李邕挺身而出，站在朝政大厅门前台阶下大声叫喊，说宋璟所陈述的是社稷大事，陛下应该听从。武后听后竟然脸色缓和，听进了李邕的意见，同意了宋璟的奏请。同朝官员虽有同感，但不敢出声，都替李邕捏了一把汗——倘若武后生气，怪罪起来是要杀头的。散朝后，有人对李邕说，你职位卑微，一旦触怒皇帝，会有不测之祸。李邕却回答，我不这样做，我的名字也不会为人所知。李邕胆略由此可见一斑，他也因此得到朝廷官员和民间的敬重。但也正是因为李邕过于敢言、直言，得罪了不少权贵，导致后来遭人陷害被杖刑处死，也就可究其因了，这是后话。

北海绝艺

李邕才学过人，书法碑刻不仅享有"北海三绝"之誉，也有"李邕六绝"之称，这是对李邕其人及书法等多方面成就的赞美。

先说"北海三绝"。这是从李邕《麓山寺碑》说开的。《麓山寺碑》是碑刻的优秀代表，也是李邕众多碑刻中最成熟最杰出的代表作之一。此碑有"三绝"。一是撰文绝美，文字华丽，记事高雅，叙评精当，是撰文之佳作文章之高峰，即碑文之绝；二是书法绝美，碑中书法风格独特，气韵灵动，笔力雄伟，苍劲大方，是书法之极品，即书法之绝；三是刻艺绝美，这方书碑估计是李邕本人亲自镌刻，刻工精湛，书体清晰，是石刻之精品，即碑刻之绝。《麓山寺碑》被称为"三绝碑"，由碑及人，李邕也被称为"北海三绝"，因为李邕的文章、书法、碑刻三绝技艺不仅体现在《麓山寺碑》上，在其他作品中也得到承载和显现。

再说"李邕六绝"。张鷟《朝野佥载》称"李邕文章、书翰、正直、辞辩、义烈、英迈皆过人，时谓六绝"。李邕是一个通才，他博学多才，学富五车，书艺高格，在唐时负有盛名。李邕的文章颇佳，有后人评价其文章之美，文采之气势胜过书法，他的文章以碑颂见长。《旧唐书》记载"邕早擅方名，尤长碑颂……有文集七十卷。其《张韩公行状》《洪州放生池碑》《批韦巨源谥议》，文士推重之"。由此可知，李邕能文，尤善碑颂，而且三篇中有两篇都是碑颂。一篇篇碑文都是一篇篇美文，不仅能准确表述所颂扬的地点人物之鲜明特点，而且以优美文字予以概括，往往画龙点睛，不少撰文是传世佳作、记诵范本，文字之美是李邕之"第一绝"。

李邕书法成就自不待言，在书法史上是泰斗级人物，是"王书"传承的高手，也是创新的勇士，是可与王羲之相提并论的人物，李邕博学多识，通晓文史，特别擅长写书记事，因此其书翰自然是"第二绝"。"书翰"一词出自唐太宗所言"一曰忠悦，二曰友悌，三曰博文，四曰词藻，五曰书翰"。唐太宗说做人做官要做到五点，一是要忠心厚道，积德坦诚；二是要爱护兄弟、朋友，与人为善；三是要学识渊博，博览群书；四是要文章华美，通识诗词；五是要精通书法，文墨俱佳，书法之美是李邕之"第二绝"。

李邕的第三绝是碑刻。李邕不仅精于书法，有时还亲自镌刻，李邕800多篇碑刻中，相当部分是李邕自己刻立的，虽然不少碑刻并未直署李邕之名，而落款是伏灵芝、黄仙鹤和元省己之类，但有人考证说这几个名字是李邕的化名。从碑刻风格和刻艺之精湛，可推断李邕书碑大多是李邕自己刻的。历史上许多书法作品的传承多需入碑石刻，而大多石碑书法并不是书法家本人完成，而是请石工雕刻，这就难免损伤书法家的笔意。而李邕自写自书自刻，所刻之碑最能反映书家自身笔意，碑书合一，碑可传书达意，碑刻之精是李邕之"第三绝"。中华历史源远流长，治史记史传史之风盛行，有不少史学家都有考史记事的担当。如明代著名诗文学家杨慎写了一系列考证材料，取名《丹铅总录》，丹铅是丹砂与铅粉的合称，古人多用以校勘文字，因而将校订之事名为"丹铅"。杨慎博览群书，喜为杂著，乐于考史，平生写了考证材料200余种，专门考证诸书的异同，皆以丹铅并名。杨慎在丹铅系列中就考证推定李邕镌刻作品多为本人撰文并刻石。

李邕第四绝是敢言之直。他正直敢谏，刚正不阿，不畏权势，甚至敢于谏言，哪怕是触怒皇上，足见其性格的刚烈，这是一般常人身为官宦者难以做到的。在李邕一生中，始终刚猛直言，以社稷为己任，将个人安危置之度外，刚直型封建士大夫的品格一览无余。李邕进谏与一般的谏官不同，胆量巨大，敢冒一般人不敢冒之风险；当然，也有人说李邕为了一鸣惊人，希望通过谏言博取名声，目的性、功利性极强。"一生谏言"是李邕之"第四绝"。

李邕第五绝是极尽辞辩。他知识渊博，遇人遇事总爱争个高低，辨明是非，争辩时不留情面，到了同期无人能及的地步。李邕热衷于仕途，但却不拘言行，言辞行事直来直去，不会灵活，更不善圆润，对官场的险恶也未加防范，经常碰壁，但又不勤于反思，吸取教训，导致人生不顺，命运坎坷。李邕因为好辩喜斗，官场多起多落，一般人也难以达到如此"境界"，他虽时有逢凶化吉，但终难逃厄运。"争强好斗"这是李邕之"第五绝"。

李邕第六绝是其义烈过人。李邕性格耿直，但为人讲义气，好交朋友，这方面也到了无以复加之地步，他一方面利用书碑创作所得，广施救济，助人为乐；另一方面他广交朋友花费颇大，有时为了所谓朋友义气，不惜违规挪用公款，公为私用，损己形象，受人诟病。为了"义"他公而忘私，而为了"利"他又不择手段。"义利双面"是李邕的"第六绝"。

李邕的"六绝"构成了其书法人生的鲜明特点，"六绝"之功成为其作为历史文化名家和官中重臣的基本内核，时人赞叹，今人感怀。

第二章　书法成就

李邕的书法成就与其书法史地位不相称，不少学书者并不知道李邕为何人，书法水平如何？

李邕不仅是唐代著名书法家，也是中国书法史上有重要地位的书法家。他是"二王"以后在书法史上有着突出成就的标志性大家，是一位性格鲜明、敢于创新的书法家；是一位才艺高超、命运坎坷的书法家，也是一位后人评议褒贬兼有的书法家。李邕的书法成就和在中国书法史上的地位作用在当时并不凸显，但后来好评很多，现代应逐步"为人所知所学所研所承"。

法度初显

对李邕书法艺术进行评价，先要说说李邕书风源在哪里？取法何处？正所谓"英雄要问来路，书法要循法源，法度起于何处"。关于李邕学习书法的对象，目前主要有三种重要观点。

一是源于"王书"，主要是学王右军。因李后主说过李邕得右军之气而失于体格。从李邕的《叶有道碑》《东林寺碑》等碑可以看出其取法之源。李邕书风与"王书"相似但体式有所不同，结体有变化。《宣和书谱》更是明确说：邕初学，变右军行法，顿挫起伏，既得其妙，复乃摆脱旧习，笔力一新。《宣和书谱》很明显把唐以前书体的不足称为旧习，指出了李邕学晋朝的"王书"起源并进行了创新。

《宣和书谱》书影

第二种观点认为李邕学"王书",主要是学王献之。米芾说李邕"脱子敬体,乏纤秾"。董其昌说:"《保母帖》《辞中令帖》,大令(王献之)实为北海之滥觞。"滥觞指江河之源头,事情之起因。宋、明两代的书法大家都认为李邕书法的源头在王献之。

第三种观点认为,李邕书不仅起于"二王",在此基础上创新求变,力道加重,刚劲雄健,源于北碑。

由以上三个观点可以看出,李邕书法主承"二王",尤攻献之,融入北碑,创变求新,博采众家之长,凸显刚劲特色。

龙象之尊

李邕的书法成就突出，概括其书法成就地位的一句话广为流传，这就是"右军如龙，北海如象"。这句话出自明代大书法家董其昌的《画禅室随笔》。《画禅室随笔》是董其昌的学书体悟，包含了大量董其昌对历代书法名家的评价。细致阅读这本学书体悟，对认识书法名家、评价书法艺术、学习书法技艺很有帮助启发。董其昌在临评李北海缙云三帖的题跋中说："北海出奇不穷，故尝胜云。余尝谓：右军如龙，北海如象，世必有肯予言者。"董其昌将李邕和"书圣"王羲之相提并论。众所周知，王羲之在我国书法史上有着至高无上的"书圣"地位，其《兰

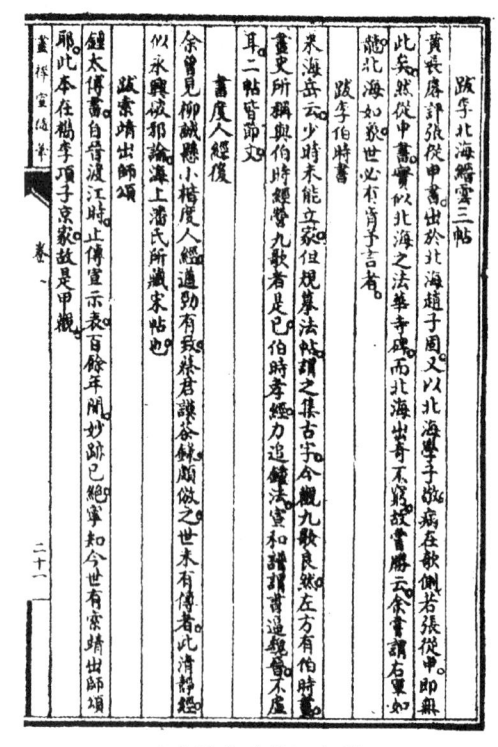

《画禅室随笔》书影

亭序》有"天下第一行书"之称，历代学书者大部分都学过"王书"。董其昌所说的李北海缙云三帖是指李邕临学"二王"最得其法度和神韵的《久别帖》《奉别帖》《晴热帖》。李邕的书法从"二王"入手，取法于"二王"，但能入乎其内而出乎其外。最能说明此事的是南唐后主李煜说："李邕得右将军之气而失于体格。"李煜精书法、工绘画、通音律，尤以词赋的成就最高。李煜之评恰如其分地道出李邕善学之处。"右军如龙，北海如象"，这是对李邕书法地位的高度评价。

龙象之喻既是指其书法地位，更侧重于讲其书法的力度，因为在历史上龙象是力量的象征。水行中龙力大，陆行中象力大，"龙象"强调的是两人的笔力刚劲遒健。当然，将李邕和王羲之在中国书法史上相提并论，后人意见并不统一，"龙象之尊"只是少数书法家及书评家的评价，即便是称"龙象"，但"龙象"的地位是有差别的。在中华文化传统中，龙的地位还是高于象的，龙往往是最高象征，龙更具活力并更灵动，因此客观地说，李邕书法的成就还不足以与王羲之分庭抗礼，但能够与王羲之相提并论的也只有李邕一人而已，由此可以看出李邕书法的成就和影响。

书评褒赞

对李邕书法，后人还有"象、鹰、熊、仙手"之高评。盛唐时书法大家辈出，后人对唐代书法的评价多称之书法巅峰，如善草书的张旭、怀素，善楷书、行书的颜真卿、褚遂良、虞世南等，善篆书的李阳冰等，都可誉为书中骄子。善行书的李邕书法才艺很突出又善于创新，影响了后代许多书法家，人们对他的书法好评如潮主要有四种评价。

一是评价为书法之象。亦即前文董其昌评"右军如龙，北海如象"。二是评价为书法俊鹰。清代冯班说：董宗伯云王右军如龙，李北海如象，不如云王右军如凤，李北海如俊鹰。说明李北海书法灵动刚健之气得到后人赞赏。清代包世臣在《艺舟双楫》中对李邕的评价是：北海如熊肥而更捷。意思是说李邕的书法如肥熊，形体虽丰腴但很敏捷。

还有一个对李邕评价很高的是唐代的书法家李阳冰，评李邕为"书中仙手"。李阳冰，字少漫，赵郡（今河北赵县）人，是集贤书院学士，在唐代以篆学名世。集贤书院也称集贤殿、集贤殿书院，是中国唐代收藏典籍之所。集贤书院学士均是饱学之士和著名专家。李阳冰的评价也是有相当的权威性的。"书中仙手"虽然不及"圣手"来得崇高，但能评为"仙手"的书法家也不多。如唐代孙过庭擅草书，并有《书语》存世，成为后人学习草书的经典法帖，他被武则天称作"书仙"。还有一个北齐时的高僧叫安道一的，善于榜书大字，也被历史学家称过"书仙"。也有史学家评颜真卿为"书仙"的，但总的来看，书家中能称为"书仙"的终究不多。

创立"行楷"

在王羲之的书体中，楷书和行书是分得较清楚的，行是行，楷是楷，泾渭分明。王献之继学其父，又有意改新，尝试行楷融入一体，但创变不够彻底，行楷仍然分得比较清楚，单字特别分明，在一幅行书作品中，中间突然工整地写出楷书体，气韵不一，像是有意为之，没有融会贯通。李邕创变较为彻底，将行楷融为一体，集于一字，似行似楷，亦行亦楷，你中有我，我中有你，确定了行楷结合型书法。李邕之字有别于传统的正体楷书，也不同于纯行书之体，而是打破行楷字体界限，以楷书为体，取行书之势，行楷融为一体，有的以行书为体，取楷书之稳。以楷取刚健，以行求俊逸。稳中有动势，灵动中有稳健。李邕对行楷书的基本构架和风格特点的形成起到了重要作用。这种"行楷"一体，区别于传统的正体楷书结体并在历史上形成一大流派，开启了中国书法史上行书艺术的新篇章，该书法流派对后来的中国书法传承发展演变产生了重要影响。

当然，在李邕倡导行楷合一的书体中，还是有所侧重的。李邕行书作品多于楷书，也强于楷书，在李邕现存的书碑中书家公认的碑帖精品多为行书入碑。李邕行楷和谐的书风对后代书家影响很大。

李邕以楷书笔画写行书，参之以王献之的豪放，一改行书的羸弱。仔细研究李邕书法，人们会发现其结体洒脱，风貌独特，挺拔刚健，气势雄浑，时有神来之笔，特点十分明显。

结体独特，打破常态。李邕书法结体锐意求新，特别是创立欹侧书体。一般而言，汉字的偏旁笔画多少决定所占空间的大小，书写时笔画多所占空间大，笔画少所占空间小。在晋人书法的结体中讲究左小右大，而李邕一反常态，打破定规，反其道而行之，把一些左偏旁笔画少的字如"淮、叛、偏"等，写得左大右小，左不让右。李邕之前的不少书家认为，上下结构的合体字要保持平衡稳当之势，王羲之明确说过书法上下结构要上小下大，一般要写得上轻下重，显得稳重。但李邕有意夸大上半截而缩小下半截，形成上大下小结体，如"慰、家、泰"等字，整个字上宽下窄、上大下小似乎有一种头重脚轻之感，但又不致重心失衡，上半部奔放多姿，下半部收紧有度，形成取势险绝的不一般的审美视觉。对于左右结构，李邕又将可以写成长方形或正方形的字，写成左右伸展的横扁之态，显得朴拙可爱，别有味道。

字形雄健，笔画挺耸。李邕行书用笔耸挺，伸展奔放，富有神采。如"忠、神、味、南"等字的竖画，耸挺上伸，疏放挺秀。有些字如"德、戟"等，笔画夸张，处理构架巧妙，给人以美感。又如"度、夫、史"等字撇、捺时也是主次分明，长撇短捺，显得长短相宜，别出心裁。为了突出主笔，对于许多字的结构，李邕都尽量让上部伸展、下部收缩，从而在视觉上形成主笔向上耸峙的感觉。

取势奇险，左斜右倾。李邕书体将"二王""欹侧取势"的形貌发扬光大。如"地、诗、未"等字，这种有意造成的斜势，使得本来呆板的垂直线和平行线有所变化，给人以峭拔奇崛的美感。李邕右倾笔势中也有自求平稳的处理办法，或是通过点的位置、撇的长度等来平衡重心，使中竖笔势倾而不倒，字体险中有稳。因此仔细品味李邕书法中的"德、海、福、风、难、云、建、武"等字结体独特，笔画巧妙，独树一帜。

唐以后的宋之苏轼、黄庭坚、米芾，元之赵孟頫，明之董其昌，清之何绍基，今之林散之等书法大家无不受其影响，学习邕书，承其遗风，创新发展，争衡书坛。

创新求变

历史上书法大家林立，但屹立于书法史的名家如钟繇、张芝、"二王"、欧阳询、颜真卿、虞世南、褚遂良、赵孟頫等都是百代书坛之楷模；然而善行书者，入碑便弱。入碑传世者多为楷书。魏晋以来，行草书体往往是人们作简札之用，志铭碑碣必以正书，以显庄重和严谨，这也符合长期以来人们的审美习惯。故现留传下的古碑大都是正楷或隶书，如《郑文公碑》《龙门二十品》及《张迁碑》《乙瑛碑》《礼器碑》《曹全碑》等。一般的书法家基本不以行草入碑，这在唐以前几乎是不能突破的书规。

清人钱泳在《书学》中说：古来书碑者，在汉、魏必以隶书，在晋、宋、六朝必以真书，以行书而书碑者，始于唐太宗之《晋祠铭》，李北海继之。唐太宗李世民作了《温泉》《晋祠》二铭，以行书刻石，这是一代宗主的盛气而为，开创了行书入碑的先河。李世民的《晋祠铭》书法非常好，但以碑刻作品欣赏，似乎有些力道不足。李世民首创行书入碑，遂为世之书家效仿。李邕可谓众多仿效者中的巅峰人物，也是作为书法家以行书入碑的第一人，李邕以行书入碑为追求，将行书入碑技艺发挥到极致，且其内容多为自己撰文书写，史料有记载的计有800多品，为唐代书法家创作之冠，不少为传世之作。

李邕以行书入碑受到宋、元、明、清时期书家赞赏，近代国学大师梁启超评道："北海碑版照四裔，云麾尤极龙跳虎卧之姿。"世人称道的李邕书法代表作《李思训碑》结字瘦长，以不正取正，很有气势，但又不显造作，清劲自然，达到人书俱老、炉火纯青之境界。康有为对此碑评价极高，说：论唐朝碑刻，第一非怀仁《集王圣教序》莫属，此外还有三碑可学：《李思训碑》《裴将军碑》《令狐夫人墓志》。康有为素来主张扬碑抑帖，而推崇的历史优秀碑书中，《李思训碑》被提到极高的地位。

关于李邕的碑刻特别是《李思训碑》还流传一个故事。相传李邕死后，人们争相购买李邕的碑刻拓片，在《李思训碑》所在的农田里，各地来拓摹的人众多，因打拓片的人太多，以至于庄稼被毁，村民为了保护庄稼，赶走了打拓片者。这些人只好晚上来偷拓，结果毁掉的庄稼更多，村民们更加恼火，为了保护自己的农田，村民一气之下将碑石下部的字敲毁，这样一来与崇拜李邕书法者结下了梁子，那些利欲熏心的人报复村民，将村子里的一些人杀害。后来住在这里的人们，传下一句古训"碑在人在，碑亡人亡"，使这一碑刻得以保存。

李邕书法的精髓在于善于继承，勇于创新。李邕汲取"二王"书风，特别是王献之的书风，又取北碑之长，形成自己书法的特质。从李邕几个有代表的碑中可以显出"二王"字体的俊俏娟美，字势灵动，又脱出"二王"书体中略微的轻俏之态、柔弱有余的气息，增强刚烈之气。其实，书法的发展史，就是从继承到创新的发展过程，这体现在某一书家上通常有一个从平整到险绝的演变过程，聪明者往往会采用矫枉过正的方式，最终来一个中和，达到寓险绝于平整之中。李邕的《李思训碑》就逐渐摆脱早年"二王"对他的束缚，最终自立门户。从技法上看，李邕融合"二王"最重要的特征，呈现优美的形态，李邕的创变又逐步从"二王"书风拉开距离，在书法史上找到真正属于自己的风貌和位置。从李邕留下的名碑可以看到，李邕是善于吸取前人的成果的，他无论是学"二王"，还是临魏碑，都十分注意在取其精华的同时保持自身风格，既吸取唐以前著名书家之长，集成"二王"书风之精貌，又吸取魏碑之稳重，求新求变，不懈探索，将"二王"的秀美与魏碑的劲稳糅合起来，创造性继承并形成灵美刚劲、遒劲稳健的鲜明个性。

字外功夫

　　介绍李邕的书法特点和书法成就，有一点必须强调的是其文章功夫。在中国历史上，书法有成就者一般都是达官士人、诗词大家，大部分书法家也是文学家。总的来说不管是文人书法还是武将书法，一般都有深厚的传统文化根基，其书法作品之所以传世，既有书法家的艺术成就，也有书法家的历史地位和功业故事的加持。当今不少书法家没能做到亦文亦书，也不能集众多特长于一身，难以在字外增加书法的风采，承载独有的精神价值，传承书法家的故事。就这点而言，当今的书法之风似乎已经没有了当时的风采，不太讲究字外功夫了。

　　在唐代文学研究中，李邕不是以诗歌见长，他写过诗词，并未有出彩的表现，但李邕的文章十分出彩，其书法很有内容，不是一些简单的记事书法或书信书札，而是记事颂文、华美文章。有资料称，李邕以文章知名，独步天下四十年，有评论家说"论诗则王维、崔颢，论笔则曰王缙、李邕，祖咏、张说不得预焉"。"邕象彼马迁（司马迁），法其班氏（班固）。"可见李邕的文采受到世人的赞扬，其书法因内涵之美也更具风采。对于李邕的才学，与其同时代的文章大家们也有独到而又公允的看法。《凉州词》的作者唐代诗人王翰豪荡清狂，恃才不羁，其所作"醉卧沙场君莫笑，古来征战几人回"的名句成为千古绝唱。即使如此，成名之后的王翰也不敢小觑李邕，而是引张说、李邕与己同列，并称为天下文章第一。宋徽宗宣和年间官方编纂的历代书法著录《宣和书谱》中说道："大抵人之才多不兼称，王羲之以书掩其文，李淳风以术映其学；文章书翰俱重于时，惟邕得之。"可见李邕书法和文章的才能兼具之誉历史上是有公认的。

李邕不仅是书法大家，而且见多识广，字外功夫了得，对名家书法颇有研究，是书法鉴赏高手，不少人拿出前人的书法作品请李邕鉴别。但久而久之，李邕有点自我炫耀，到处声称自己是高明的鉴赏家。当然也有"八卦"发生，《封氏闻见记》中记载这样一个故事，说的是萧诚写了幅字，自认为写得不错，就拿给李邕看，李邕并未恭维，说很一般。萧诚对李邕挑剔自己的做法很不满，因此有意去考考他。萧诚造了张自己写的假的古字画，天天把玩，把字画弄得很古很旧，大家一看都说是数百年前的字画，萧诚对李邕说："我有王羲之的真迹，珍藏了很久，现在想拿给你看看。"李邕很感兴趣，急切地想看，萧诚故意卖关子，拖延数天，不肯拿出来。后来两人又谈及此事，李邕执意要求看看，说："你答应了却不让我看，不是在骗我吗？"萧诚于是让家仆回去取来，家仆没拿到，惊呼："前几天有客人来刚见过，估计被他偷了。"李邕信以为真，萧诚过了很久说："我放在某个地方，后来忘了。"就让李邕跟着去取，到了地方后，李邕观摩了很久，由于有前面这么多的铺垫，没怀疑是假货，说："这样的真迹我这辈子都没见过。"在座的人都认为这就是真迹，异口同声赞不绝口。又过了几天，等到李邕的客人们又来聚会，萧诚对李邕说："你从来看不起我的书法，前几天给你看了几张我小时候写的字，你怎么就认为它是王羲之的真迹，你是怎么看的？"李邕大惊说："你再拿来我看看。"看到后，稍微瞟了几下，扔在桌子上说："现在仔细看看，确实不怎么样。"这个故事说明，李邕一向自负，对鉴赏真迹也有走眼的时候。从这里也可看出，李邕自恃清高，对一般人甚至有一定水平的人都是不屑的，这就得罪了不少人，他的性格和为人难免争议很大，这也自然埋下了后来他曲折人生的伏笔。

  李邕自身书法成就高，更因为他擅长碑刻，留下了许多碑刻名作，这为中国书法的研究，为书法艺术的传承发展，提供了极为宝贵的原迹资料。从李邕书法的遗迹中，能够体会到中国书法创新求变的重要历史脉络，系统了解书法艺术结体笔法等创变轨迹，透过李邕的书法也有助于了解唐朝初中期的历史，了解多地风土人情和书法文学乃至官吏情况。李邕留下的书法作品成为不少地方传承弘扬中华优秀传统文化，推动文化深度融合发展的重要史料，这也是李邕书法的重要贡献。

第三章　风格创变

李邕书法最鲜明的特征就是传承古法，革新求变，特别善于开拓创新。在书法上，李邕可说是创造性转化、创新性发展的典型代表，他承法取法精湛，革新创变精当，结体笔法遒劲潇洒，变法创新脱胎换骨。李邕之所以能成为唐代的大书法家，其基础源自中国书法正脉的"二王"法度神韵，充分汲取"二王"的书法营养，在此基础上，创新变法，自成一家。李邕的书法之"变"，具有法度传承的"变"，不是无法无度的变，变之有法，变之有度，变之有律，那么，李邕书风为什么要变，变的内容、重点又是什么呢？

中国书法源流

首先要从李邕所处的时代背景中寻找答案，要从中国书法发展演变中找到缘由。

中国书法的发展历史是一个不断传承和创新的过程。通过传承，保持书法文化的延绵不绝，坚守优秀传统的内核；通过创新，发展书法的文脉，注入新鲜的血液，展现时代的光芒。

中国书法历史悠久，从起源到演变，孕育于民族的文化涵养，依赖于书家的传承贡献。书法艺术起于中国文字之后，文化起于书写符号，文明起于文字记载。现发现最早的刻画符号性质的文字约在5000—7000年前，在商周时代中国就有了文字和书体。中国系统的文字最早是甲骨文,而后有金文书法。甲骨文被认为是中国最早可称书法样式的文字,乃殷人占卜文字。它表达一些什么思想,现代人还难以完全破译,但在社会关系相对简单的古代社会里,甲骨文描述的多是祈求风调雨顺平安之事,记载的多是动植物自然之景。夏商周三代用铜锡合金铸成的器物,即青铜器,上铸刻有铭文,名钟鼎文,又名金文。秦统一文字,出现了大篆和小篆。秦丞相李斯创小篆,乃中国最早的统一文字,"书同文"之文字的统一就有了当时国家意志君主思想的一统。大型石刻源于秦,当时人们把秦王巡视和与别国的战事刻于石碑或摩崖,这为以后历史考证与书法传承提供了很好的载体。秦朝李斯不仅创研了小篆,而且也推动了隶书发展。秦国大将蒙恬制笔,启用了新的书写工具,开创了毛笔书法。毛笔中各种动物毛的取舍试用,形成各种性能的毛笔,成为书法的最主要工具。虽然甲骨文、金文也是古书法,但也有人说甲骨文、金文等只是铸造文字,毛笔和纸发明后才是现代意义的中国书法的起源。在汉代出现了篆书、隶书、行书、章草、楷书,出现了崔瑗、杜操、刘德昇、蔡邕、张芝等时代书家。西汉重视书法但不兴立碑,因此,西汉的篆书作品很少传世。由于篆书的复杂难写,到东汉时,篆书使用范围已大大缩小,只限于碑额题字和祭文拜册。其时书写摹刻多为隶书,隶书出现比行楷书体更早,汉隶成为当时十分盛行和成熟的书体。隶书的草写未脱隶意,则成章草,张芝将章草变为今草,史称"草圣"。到三国时代,魏蜀吴三足鼎立,随后有西晋东晋、南北朝的发展,魏碑、隶书、楷书、行书、草书均已形成,出现了钟繇、卫夫人、索靖、陆机、王羲之、王献之等书法名家,留下钟繇《宣示表》、索靖《月仪帖》、陆机《平复帖》、羲之《兰亭序》、献之《洛神赋十三行》等名家碑帖。将书写的实用功能即人们的交流作用拓展提升为艺术是中华民族的智慧和对人类文明的贡献。在这一时期,不仅书法家争雄世界,书法评论也十分活跃,出现众多书论名篇,如卫恒《四体书势》、杨泉《草书赋》、王羲之《笔阵图》《自论书》、王珉《行书状》、虞龢《论书表》、王僧虔《书赋》《论书》等，书家辈出，书评活跃，是中国书法传承历史中十分活跃和繁荣的时代。

中国书法发展史上，有三个高峰期，即晋代、唐朝和宋朝。晋代以"二王"为代表的书家创造了中国书法的辉煌，也有"书不入晋，终由野路"之说。这一时期书法追求神韵，故有"晋人尚韵"之说。唐代时，形成一股复古的书风，主张继承晋代书法的传统，主张书法的取法，学习晋"二王"法度，故有"唐人尚法"之说，李邕作为唐代人，正是在吸取晋王书法的时风下生长。到了宋代，书家们承继古法的途径拓宽了，可以临学的书家很多，既有古朴庄重的书碑，也有名家传世的书札书帖，因而宋代书家更重视书法的写意，即有"宋人尚意"之追求。

综观晋唐宋三个朝代灿烂的书法历史，笔者以为，魏晋的书韵是最高境界，"韵"是笔法和结体构成的书法之美，给人以赏心悦目的感官满足和内心震撼，以书法的神采神韵使审美达到新的高度。书作如果失去韵味，书法就缺乏生机，只是枯燥无味的写字。有韵味的书法主要是指有晋韵，有高古篆籀之气韵。李邕书法的成就在唐人中可说是把这种"韵"学得最到位的，李邕书法中结体和笔法之美吸取了魏晋的优点，又融入了北魏碑书特征，在"二王"书风柔美呈现上增添了刚劲遒美，形成了自己的创新，强化了阳刚之美，更加经久耐看，给人以美的享受和力的呈现。

历代书家纵览

简要梳理一下中国书法历史长河中的著名时代性标志人物，我们可以从书法这一特殊角度看出历代书家守正创新的特有品质，也可窥探中华优秀传统文化传承发展脉络。

——"钟王"为书法之源。三国时的钟繇,字元常,古豫州(今河南一带)人,既是书法家也是政治家,当过尚书郎、太尉、太傅等职,能文能武。其书法被后世尊为"楷书鼻祖"。王羲之等后世书法家都曾潜心钻研学习钟繇书法。钟繇的《宣示表》是楷书精品、小楷之祖。钟繇与王羲之史上并称"钟王",书法为"上品之上""神品"。卫夫人是王羲之的老师,而卫夫人的书法主要学习钟繇。后人评钟繇书法"备尽法度,为正书之祖"。

——"二王"书法获誉正脉。王羲之家喻户晓,是东晋时期的书法家,他是山东临沂人,后迁居绍兴。各种书体精通,天下第一行书《兰亭序》可谓书法顶峰之作。王羲之也是东晋大臣,但他的官做得并不太大,主要是以书法驰名历史的。卫夫人是王羲之的姨母,王羲之先学卫夫人,后博学众家,并在书史上形成高峰,被誉为"书圣"。王献之书法继承父亲王羲之,又致力创新,成为东晋后起之秀,在书法历史上与父亲齐名,并称"二王",有"小圣"之称。大多数人认为王献之的书法不及其父王羲之,也有少数书法家认为"小王胜大王"。

——东晋的"三谢"显耀晋代。有晋一代谢氏兄弟不仅在政治上有名,在书法上也造诣很深。唐窦臮《述书赋》云:"博哉四庾,茂矣六郄,三谢之盛,八王之奇。"(历史上称"三谢"者还有南朝宋名士谢灵运,南朝宋文学家谢惠连,南朝齐诗人谢朓。此处讲的是东晋书法家"三谢"。)谢尚是长兄,善草书,作品已不传,只有后世的书评中提及过他的《余寒帖》,谓之作草书"深得昔人行笔之意。论者以比注飞涧之瀑溜,投全牛之虚刃,盖得之矣"。"诗仙"李白曾有诗《夜泊牛渚怀古》:"登舟望秋月,空忆谢将军。余亦能高咏,斯人不可闻。"这里讲的"谢将军"就指谢尚。谢奕是老二,是东晋大臣,曾为桓温幕府司马,官至安西将军、豫州刺史。其才学超群,但书法真迹已失传。谢安是东晋政治家、军事家，在三兄弟中最有名，世称谢太傅。他是历史上著名的淝水之战东晋一方的总指挥。其行书水平极高，主学王羲之，取法正宗，《中郎帖》最有名。

——东汉"崔杜"留史高评。崔是指崔瑗，汉代名书法家，尤善草书，师法杜度，著有《草书势》。可以说崔瑗是写草书的第一位祖师爷，对后来张芝、王羲之、张旭、怀素都有影响。后世对其评价甚高，"草圣"张芝自云"上比崔杜不足"。杜度也是东汉大臣，未有作品传世，但世人说杜度是崔瑗的老师，而张芝取法崔瑗，张芝又是王羲之的老师，由此书法承学脉络，可想而知杜度的书法水平。

——草书"二张"开草体鼻祖。"二张"指两位有草书"书圣"之称的张芝和张旭。张芝是东汉书法家，擅长章草，有"草圣"之称，王羲之自称草书比不过张芝。张芝学习书法刻苦，"临池学书，池水尽墨"，传为历史佳话。张旭是唐代书法家，也写草书，而且常常喝得酩酊大醉，写出狂书，故有"张颠"之称。张旭书法，始化于张芝、"二王"一路，又效法张芝草书之法，创造出潇洒磊落、变幻莫测的狂草，惊世骇俗。张旭与贺知章、张若虚、包融都是江浙一带名人，而江浙古称吴中，故四人并称"吴中四士"。"两张"官职不高，但草书成就都很突出。

——"羊薄"行草艺可代王。"羊"指羊欣，东晋书法家，是王献之的外甥，以行草隶书著名。当时有一个说法"买王得羊，不失所望"，就是说得不到"二王"书法，得到羊欣书法也满足了。羊欣主要学王献之书法，名重一时。羊欣的《闲旷帖》《移屋帖》等都是精美法帖。"薄"指薄绍之，南朝宋人，官至给事中，行草书风格秀异，梁武帝萧衍《古今书人优劣评》称薄绍之的书法"如龙游在霄，缱绻可爱"。时与羊欣并称为"羊薄"。

——"颠张醉素"草书高峰。"颠张"就是张旭，"醉素"是指怀素，两人被称为唐代"草圣"，《自序帖》《千字文》均是传颂千古的名帖。怀素是一个僧人，却在书法上成为草书的高峰，张旭和怀素都爱喝酒，往往喝得酩酊大醉，酒后写出的书法奔腾狂放，"颠张醉素"就是中国草书唐代的双峰并峙。

——"初唐四大家"气象一新。指初唐时四大书法家虞世南、欧阳询、褚遂良、薛稷。虞世南，既是书法家、文学家、诗人，也是政治家，是凌烟阁二十四功臣之一。虞世南书法传承"二王"传统，外柔内刚，笔法圆融。欧阳询，唐朝长沙人，以楷书著名，笔法工整，号为欧体，特别是《九成宫醴泉铭》写得唯美唯妙，被称为唐人楷书第一，是后人学习楷书的必备法帖，其行书有《仲尼梦奠帖》等，平正中见险奇。褚遂良在唐初书家四巨头中算是晚辈，书承王书，也学过虞世南、欧阳询书法，并自成体系，方圆兼备，结体舒展，深得唐太宗李世民的赏识。褚遂良还有一绝技就是辨识王羲之真迹的功夫号称"时其第一"。褚遂良传世名作《雁塔圣教序》，亦称《慈恩寺圣教序》是书法史上著名碑刻作品，是楷书代表作。薛稷，唐朝大臣，书画俱佳，行楷见长，博采众长，《信行禅师碑》最为有名。因为薛稷的书法能够很好地继承褚遂良的笔法和风格，世人称其为褚遂良的学生，时有"买褚得薛，不失其节"的说法。

——"楷书四大家"正书泰斗。指唐代颜真卿、柳公权、欧阳询、元代赵孟頫四人。颜真卿的《颜勤礼碑》、柳公权的《玄秘塔碑》、欧阳询的《九成宫醴泉铭》、赵孟頫的《胆巴碑》是楷书四大家的代表作。"颜柳"风骨绝世。书史上有"颜筋柳骨"之称，说的是其楷书形成书法史上的两大风格和学书者必须把握的要领。

——"苏黄米蔡"宋四家。苏轼擅长行书、楷书，通采晋唐名家书法之长，又自创风格。黄庭坚书法博采众长，风格上像苏轼字体。米芾书法用功最深，成就以行书最大，在北宋四大家中，其地位应是首屈一指。"蔡"是指蔡襄，也有人说原指蔡京，从书法水平看蔡京是称得上名家的，但后世因其"人品奸恶"遂换成蔡襄。

——"米薛"书法率意天真。"米薛"指北宋米芾、薛绍彭。薛绍彭以行草书见长，具晋唐人法度，历来书家对其评价甚高。米芾尝言，薛绍彭与余，以书画情好相同。两人有着深厚的友谊。

——"鲜赵"雄风拂世。"鲜赵"指元代书家赵孟頫、鲜于枢。又称元书法"二雄"。鲜于枢书法由唐人入法，上溯东晋"二王"。其字体为行草，潇洒灵动。

——"赵董"打造书法元明高峰。指元代赵孟頫、明代董其昌二人。董其昌的书法以行草造诣最高，行书以"二王"为宗，又受颜真卿、李邕、米芾、杨凝式诸家影响。

——"邢张米董"雄称明四家。指晚明四大书家邢侗、张瑞图、米万钟、董其昌四人。其中董其昌、邢侗又有"南董北邢"之说。邢侗是明代书家，能诗善画，书法以行草为主；张瑞图为明代官员，福建晋江人，书法奇特，另辟蹊径，行书折笔较多，也有人说其创变太过；米万钟，明代书画家，书法行草俱佳，米芾后裔，官至太仆寺少卿、江西按察使等职，学法章草，与董其昌齐名，时人称"南董北米"；董其昌书法妍美，用笔较轻。

——"吴兴四才子"。指明代居于苏南的书法家唐寅、文徵明、徐祯卿、祝允明。这四位在明代才气显世，书法各具特色，均以行书著称，传世名帖犹存。

——"二沈"书法正草互补。指明初沈度、沈粲兄弟二人，又称"大小学士"。沈度书法工稳，善写正书，藏于秘府，被称为"馆阁体"，为明代台阁体书法的代表人物。沈粲善草书，为当时的"草圣"而名显一时。

——"清四家"行楷见长。"清四家"指清朝翁方纲、刘墉、梁同

33

书、王文治四人。四位清朝书法家除王文治以楷书见长外，其他三位均以行书见长。

——"民国四大书法家"各展其长。学界公认的"民国四大书法家"，分别为谭延闿、胡汉民、吴稚晖、于右任。这四位书法家各有书体见长——谭延闿楷书、胡汉民隶书、吴稚晖篆书、于右任草书。

在以上列举的知名书法家之外，还应提出的就是"右军如龙，北海如象"的李邕，明代书法家徐渭（称"狂疯书家"），清朝的王铎（有"后王胜先王"之誉）、何绍基（擅长写联，有"书联圣手"之称）等，他们均是在中国书法史中作出过重要贡献的人物。

这些书法家大多为朝廷命官，也有郁郁不得志的社会文人，这些人的书法能够传世，往往其品行是得到社会的认同的。但也有少数书法家因人品受人诟病而损毁了其影响力，书法传承后继乏人。

唐尊"二王"之因

唐朝之初为什么特别崇尚"二王"书法，这不仅与"二王"高超的书法艺术有关，也与唐太宗李世民的推崇有关。唐太宗李世民不仅政治上雄才大略，开创贞观盛世，而且雅好文艺，擅长书法。他特别喜欢王羲之书法，天下寻觅，收存"王书"，到了痴迷程度，并令书官摹临，亲力亲为。相传《兰亭序》就是李世民收集而得，并令朝廷官员摹仿。史载欧阳询、虞世南、褚遂良、冯承素、赵模、汤普彻、诸葛贞、薛稷等善书近臣和内廷拓手各有摹本，形成历史上一场有名的仿摹比赛，现有多个《兰亭序》版本流传于世，著名的有冯承素的"神龙本"、欧阳询所临的"定武本"、虞世南所临的"虞本"，以及褚遂良所临、卷后有米芾题诗的"米芾诗题本"等。学王崇王之风盛行，天下论冯承素本最接近真迹，笔锋和线条惟妙惟肖，章法和结体最具晋书韵味。在唐太宗的极力推动下，朝廷上下以王羲之为榜样，举国敬崇，万民追慕，确立了王羲之在中国书法界"书圣"的地位。同样，也因为李世民的推动，唐代书法成为中国历史上的又一高峰。

李世民对晋代几个书法名家都有评论，但独尊王羲之。李世民说："书契之兴，肇乎中古，绳文鸟迹，不足可观。"意思是说文字产生于中古时代，那时用结绳记事，摹仿鸟兽之迹的原始文字，不太中看。"末代去朴归华，舒笺点翰，争相夸尚，竞其工拙。"意思是说后来人们舍弃古朴的书法，追求华美的文字。大家铺纸运笔，写字做书，争相以字体的华丽标榜时尚，以笔画的美丑相竞赛。

"伯英临池之妙，无复余踪；师宜悬帐之奇，罕有遗迹。"书法大家张伯英（张芝）临池学书，书写十分精妙，可惜没有作成书帖保留下来；师宜悬帐之书，非常奇特，现今却罕有流传下来的。

"逮乎钟、王以降，略可言焉。钟虽擅美一时，亦为迥绝，论其尽善，或有所疑。至于布纤浓，分疏密，霞舒云卷，无所间然。但其体则古而不今，字则长而逾制，语其大量，以此为瑕。"意思是说到了钟繇、王羲之之后，书坛略有一些名家值得评论。钟繇虽然一时名声盛旺，他的书法高超绝伦，但要说他尽善尽美还是有争议的。至于说他画笔的粗细浓淡，字体的结构疏密，则有如霞飞云卷，毫无缺憾。不过他的书法守古太多而创新不足，字体卷长，超过规范，总而言之这是他书法的不足。

"献之虽有父风，殊非新巧。观其字势，疏瘦如隆冬之枯树；览其笔踪，拘束若严家之饿隶。其枯树也，虽槎枿而无屈伸；其饿隶也，则羁赢而不放纵。兼斯二者，固翰墨之病欤！"唐太宗说，至于说到王献之，虽然他的书法承继其父的书风，但其书法很不新巧。看他的字形疏散瘦弱，好像大冬天的枯树，看他的笔画很拘束，好像刻薄的东家里饥饿的奴仆一般。他的字形像枯树虽然直如木桩但没有伸缩的张扬力，他的字画像饿着的奴仆，拘谨瘦弱，畏畏缩缩一点也不自由奔放。王献之的书法有这方面的不足，所以是很有毛病的。

唐太宗为王羲之写有这么一段话："所以详察古今，研精篆素，尽善尽美，其惟王逸少乎！观其点曳之工，裁成之妙，烟霏露结，状若断而还连；凤翥龙蟠，势如斜而反直。玩之不觉为倦，览之莫识其端。心慕手追，此人而已。其余区区之类，何足论哉！"

唐太宗在这篇短短几百余字的传赞中，对汉字的书写艺术进行总结，他认为汉朝以前的文字书写不属书法，是不足为观的，汉朝以来文字书写开始进入艺术化的自觉追求，表现出"去朴归华"的特点，其中有名的是张芝、钟繇、王羲之和王献之。唐太宗虽然认为钟繇的字有一定成就，但其体则古而不今，字则长而逾制，语其大量，以此为瑕，够不上尽善尽美。王献之虽然有其父的遗传，但还未能达到"新巧"。只有王羲之书法，唐太宗认为真正达到尽善尽美的地步。

唐代的《徐氏法书记》记载："太宗于右军之书，特留睿赏，贞观初下诏购求，殆尽遗逸。"就是说李世民刚当上皇帝就下诏搜集王羲之书法，按《叙书录》记载，李世民当时搜集王羲之的墨迹3000多幅，并将其装订成书卷印上"贞观"二字。

李世民不仅收集王羲之书法，而且身体力行，学习王羲之书法，并且功夫学到了家。李世民传世书法作品《晋祠铭》就写得生动有味，王羲之的书风跃然纸上。《晋祠铭》是李世民摹拟王羲之书法的得意之作，李世民也由此成为第一个行书入碑之人，其字法结体都看得出王羲之的影子，用笔遒劲，笔势流逸洒脱。李世民对自己临写的《晋祠铭》非常满意。《后唐书》记载，贞观二十二年（648）新罗派国相来朝，李世民就以《晋祠铭》拓本相赠。当然，从书法艺术的高标准角度来看，《晋祠铭》虽然行笔过于疾速，一些地方笔法似过于飘浮，但仍不失为书法精品，天子书作中也可算是最高水平之列了。

在李世民的倡导下，唐代初期，学王之风达到空前局面，以前的正书被行书所取代，而且李世民首创了以行书入碑的先例，这是在李邕大力实践行书入碑之前，因而正本清源，李世民应是行书入碑的真正首创者，李邕是行书入碑最主要和最有成就的实践者。清代书法家、金石学家钱泳说："以行书而书碑者，始于唐太宗《晋祠铭》，李北海继之。"《晋祠铭》由李世民亲自撰文并书写，现存在太原晋祠贞观宝翰亭内。晋祠始建于北魏，是为纪念周武王次子晋国开国诸侯唐叔虞及其母后邑姜而建。初名唐叔虞祠，又名晋王祠。李世民登基后来此拜谢叔虞，并作《晋祠铭》。《晋祠铭》主要内容是歌颂叔虞的建国策略，宣扬唐王朝的文治武功。李世民亲笔书写并入碑，由此可见他的重视。李世民的《晋祠铭》对李邕也是很有影响的，李邕不仅从李世民倡导"王书"中得到力量，也赞同李世民行书入碑的创新，并广为实践，将之发挥得淋漓尽致。

唐书变王之法

李邕等唐代书法家为什么要变王羲之之法呢？王羲之的书法成就在历史上是无与伦比的，对后世影响大。但因为"王书"多是从书札中提出，很少有完整的碑作传世。有后人评价王羲之的书法文官味富足，长于秀媚，不取雄强之势，专行妍美之道。

王羲之书法是典型的士大夫、文人之书风，主要特点有三：一是笔法精到，行笔妍美飘逸，笔势委婉含蓄，如行云流水；二是结体清秀，骨骼雅美，点画疏密相间；三是章法顾盼有姿，"飘若浮云，矫若惊龙"。

王羲之书法主要取钟繇、卫夫人等法度，他早年习字，就是学习晋武帝司马炎倡导的钟繇、胡昭二人的书法标准体。在此基础上，王羲之创造新体行书，此新体书一出钟繇的行书就显得既古又旧，东晋人士崇尚华美，时风趋新厌旧，晋武帝倡导的标准体慢慢淡出，王羲之的行书就成了达官贵族、文人士大夫模仿的范本，从而结束了钟繇统领书坛的时代，开创了"王书"革新时代。

随后人们久看"二王"行书又逐渐感到需要增强点什么，这又有了创新的思考。"二王"行书多是秀丽飘逸的书风，很娟秀，很柔美，也有人感觉力度不够，难以表达古拙感。同时，"王书"专用中锋，弱化其他用锋技法，后世纷纷创新求变，李邕就是"二王"之后一位学王羲之而能自立门户的大书家。当然变"二王"之书法的不止李邕一个。

李邕书法的变新动力还与历史上人们的审美观念演变驱动有关。书法是古代中国交流的主要方式，不仅是公文、书信往来的形式，也是科举考试的评判标准之一，其发展变化不仅受内在规律的影响，也受外部因素的制约。其中社会美学观念的变化是促进书法发展变化的外在原因。中国古代美学变化在先秦、汉唐和宋明形成三个阶段，具有不同特点。唐代社会的书法审美观除了承继晋代的风韵外，也有唐代的要求——在继承王羲之行书模式基础上，也希望看到属于唐代自身特点和时代要求的书作。李邕重视守法与变法，自然为社会潮流所融。李邕的书法既尚法又尚意，被人们肯定，与审美观从尚"法"到尚"意"的发展有关。

唐代在真、行、草、篆、隶各体书中都出现了影响深远的书家。初唐时书法尚处于渐变中，至盛唐、中唐之际，草书领域出现了新风，随后真、行诸体亦别开生面。盛唐时期的书法风格，由初唐方整劲健趋向雄浑肥厚。真草彻底摆脱王家书派的束缚，形成了新的风格，如颜真卿、柳公权和张旭、怀素等书法大家，在楷书和狂草方面开创了新的书风，形成了新的境界。篆隶二体又重现书坛，篆书以李阳冰声名最大，隶书也有韩择木、蔡有邻、李潮、史惟则四家。行书领域李邕既能从

"二王"入手，又能开辟新境。

"李书"五大创变

李邕书法的求变创新，不仅奠定了其在书坛的地位，也对我国书法历史演变起到推动促进作用。李邕书风的创变在初盛唐书风转变中极具典型，在一定程度上昭示了初唐转入盛唐时社会主流审美思潮发生的重大变化。李邕引领书风变革，可谓我国书法发展史上重要的改革创新派人士。

与"二王"书风相比，李邕书法之变表现在五个方面。

一是法理之变，重守善创。李邕之前的书法多是将行书和楷书截然分开的，行书就是行书，灵秀流畅；楷书就是楷书，稳健端正。李邕的书法中行楷没有绝对的界线，他用楷法写行书，灵动中有法度有规矩，行楷融合，体格天成。李邕的书体雄健有力，以方正为主，但也有圆润灵动之妙，尽显灵秀和稳重。可谓守正创新、守"法"创变的典型代表。清代书家吴德旋说："北海则以顿挫见长，虽本原同出大令，而门户迥别。"

二是结体之变，稳中求险。李邕书法的结体特色明显，总体上是上宽下窄，上松下紧，左张右束，横画不平，呈右上倾斜，这与许多书法家上紧下松、左紧右松的风格不同。李邕书体上宽下窄但并没有失去其稳定感。李邕结体之变或上开下合，或左紧右松，以侧取势，以斜而反正；刚严磊落，提按分明，疏密伸缩。从李斯开始，人们见到的字多是上紧下松，给人以庄严厚重之感，李邕彻底打破这一规律，结字上松下紧，重心下移，单字左摇右摆，然则仔细体察李邕行书的结体上舒下敛，欹侧错落，动中有稳，险中求胜，别有味道。

三是笔法之变，刚中见柔。李邕用笔总体上刚健利落，遒劲有力，用笔刚劲呈顿挫雄健之美，用笔飞扬而沉稳，横画的回收，从右军用笔纤秀或纵横牵制，左右顾盼，或游刃纸背，暗藏波澜，骨力洞达、神采照人。李邕从结体欹侧的旧法中走出来而取法北碑，更为雄劲。如果书法只是写字，那就是一个重复创作的过程，那么书法作为一门艺术的存在是不可思议的，而李邕每写一碑，都力图求变，尤其是笔法之变，守正出奇，笔走偏锋。

四是章法之变，不拘一格。章法是笔法、结体、布局的统一体，李邕的书碑如千里长云，舒展明丽；如瀑布挂虹，激越澎湃，时如凌空坠石，铿然有声，时虽细如童发，犹有千钧之力。李邕书法创作的求变并不意味着完全抛弃前人法度，也不用一种肆无忌惮的方式确立自己的形象，而是在学习古人基础之上的创新之变，传承之变。李邕书法章法比较开朗，字距较大，字与字讲究相对独立性，在笔画上似乎并无牵丝相连，也很少上下字之间的连笔，但在行笔时凌厉迅猛，气势相连，给观者以笔断意连、行气贯通、一气到底的畅连之感。

五是传承之变，守创有度。李邕书法坚持在传承基础上求变创新之风明显。康有为评价李邕的创变是"寓奇变于规矩之中"，说李邕是奇变，同时又取法度，是稳中求变，遵规中革新。在追求书法的创新中，李邕不仅身体力行，也告诫世人学书要有创新之理念，求变之践行。前已述及李邕说过一句名言，被后人奉为学书座右铭，他说"学我者拙，似我者死"。正是在这一经典学书理念指导下，李邕从"二王"入手，入乎其内做得精到，出乎其外求得新奇。他反对机械地模仿，既学"二王"妍美的书风，又创新结体在传承古风中勇于求变，其笔力胜于"二王"更显骨感，其结体脱于"二王"的端正而变得更加灵动峻峭，给人一种稳重中灵动，端严中俊美，厚重中洒脱的感觉。由于李邕的榜样作用，后来的书法名家也遵循了创新求变理念，在传承中求变，成就了一代又一代的取法"二王"又自成风格的书法大家，为博大精深的中国书法艺术注入不断前行的动力和营养。

"李书"创变过程

李邕书法的"变"是一个渐进的过程，是一个不断探索求进的过程，既有时代的召唤，又有自身的自觉感悟，大致可分为四个阶段。

第一阶段是其勤学"王书"奠定基础的时期，即李邕的青少年时期。他生于书香门第，特别是江夏李氏，与卫氏家族有很深渊源，家世书风传承，认同"二王"书风。李邕学习"二王"勤奋刻苦，取法到位，既取卫氏技法又学"王书"精要，成传承"王书"的优秀代表。

第二阶段是李邕进朝廷为官，但被贬出京移官海州之前的时期（720年之前）。李邕开始思考变法"王书"，注重取舍，先在结体上求奇，又在结构上取斜势。如《叶有道碑》和《李思训碑》，李邕对字形正斜的处理上往往夸大"王书"斜向取势的特征。正如朱履贞在《书学捷要》中提到：历观古帖，凡长画皆平，是以行间整齐，无欹侧之患。惟李北海行书，横画不平，斯盖英迈超妙，不拘形体。唐代另一书家张从申也是学"王书"的，下功夫颇多，但论书家成就实不可与北海雁行。清人王文治云：张从申之不及北海，正在不欹侧耳。以荒率为沉厚，以欹侧为端凝，北海所独，尤云麾所独。此处的"云麾"即李邕的《云麾将军碑》。

第三阶段约是李邕海州、澧州任职时期（约720—730年）。这一时期他继续求变，摆脱"王法"，笔力一新，将"王书"纤细柔美书风改为刚健雄伟之貌，取法北碑，刚健结体，字体变得宽博，字形偏方扁。这从《端州石室记》可明显看出，体兼隶楷，与北魏平城时期的楷书很相似。深厚的"二王"根基，古朴的北碑风格成就了李邕书法飞扬而沉稳、大气而洒脱的鲜活面目。

第四阶段是李邕自澧州司马调任括州刺史之后的时期。这是李邕的晚年，也是其书法的成熟时期，其书风已经定型，但仍然在探索求变。这一时期的《晴热帖》《奉别帖》《法华寺碑》《李秀碑》《灵岩寺碑》《卢正道碑》等代表性作品，王献之的书风更多一些，但仍保持稳重老辣的风格。

李邕书法之所以能名显唐宋，并影响后人，令世人仰望，主要是其善于创新求变，清康有为在《广艺舟双楫》中评道："唐世书凡三变。"唐代书法风格分初唐爽健，盛唐肥厚，晚唐清劲。初唐书风以褚遂良等为代表，盛唐书风以李北海、颜真卿等为代表，晚唐书风以柳公权等为代表。另有"唐书虽有三变，虞褚之真与行草，陆李之行真，鲁公之行草，率更之真书，长史之飞草，所谓出类拔萃，固非随波逐流者也"。这里陆、李之行真指的是陆柬之和李邕的行楷书。李邕在行真方面不拘泥于旧法，是创新求变的代表人物。

从书法艺术本身来看，李邕的创变提升了其书法地位。唐代书法注重法则，书家多以楷书出名，唐楷在中国书法史上居于很高地位，也出现了不少名家。李邕虽然"碑版照四裔"，书碑众多，但终为欧阳询、虞世南、褚遂良、薛稷等以及后来的颜真卿、柳公权所掩。直到晚唐释亚栖《论书》主张通变，李邕方与有唐诸名家并列。释亚栖说："凡书通即变。王（羲之）变白云体、欧（阳询）变右军体，柳变欧阳体，永禅师（智永）、褚遂良、颜真卿、李邕、虞世南等，并得书中法，后皆自变其体，以传后世，俱得垂名。若执法不变，纵能入石三分，亦被号为书奴，终非自立之体。是书家之大要。"李后主也将李邕与欧、虞、褚、薛、颜、柳、徐浩及张旭并列，视为有唐一代大家。自此，李邕书名才与欧虞并类，为时俗所仰慕。

第四章　代表碑作

与历史上其他著名的书法家相比，李邕是留下书法作品最多的书法家之一。但留下的作品都不是纸本原作，而是碑刻碑帖的转化本。据记载，他留下碑刻达800多方，涉及各个方面题材，较多的是为人撰文刻碑记事，并且基本上是行楷书入碑，形成书法和碑刻合为一体的鲜明特点。李邕的"高产"与他能诗善文密切相关，因为他写得一手好文章，尤精通记事歌颂之类的文体，也特别擅长神道碑文的撰写，因而找他撰文刻碑的人络绎不绝。没有"字"外功夫，没有深厚的文学功底，恐怕是难以胜任的。

在李邕留传的作品中主要的代表性作品有《云麾将军李思训碑》《岳麓寺碑》《叶有道碑》《出师表》《端州石室记》《东林寺碑》《法华寺碑》《云麾将军李秀碑》《卢正道碑》《任令则碑》《晴热帖》《灵岩寺碑》《娑罗树碑记》，及《玉烟堂法帖·李邕辑》等。

《云麾将军李思训碑》

该碑全称为《唐故云麾将军右武卫大将军赠秦州都督彭国公曰谥昭公李府君神道碑并序》。此碑为行楷书，共30行，满行70字，共1068个字。此碑为唐睿宗（李旦）的"桥陵"陪葬墓群中神道碑之一。碑文记载唐代宗室李思训一生功名仕宦事迹。立于唐代右武卫大将军李思训（653—718）墓道。《金石萃编》载：碑高一丈一尺三寸六分，宽四尺八

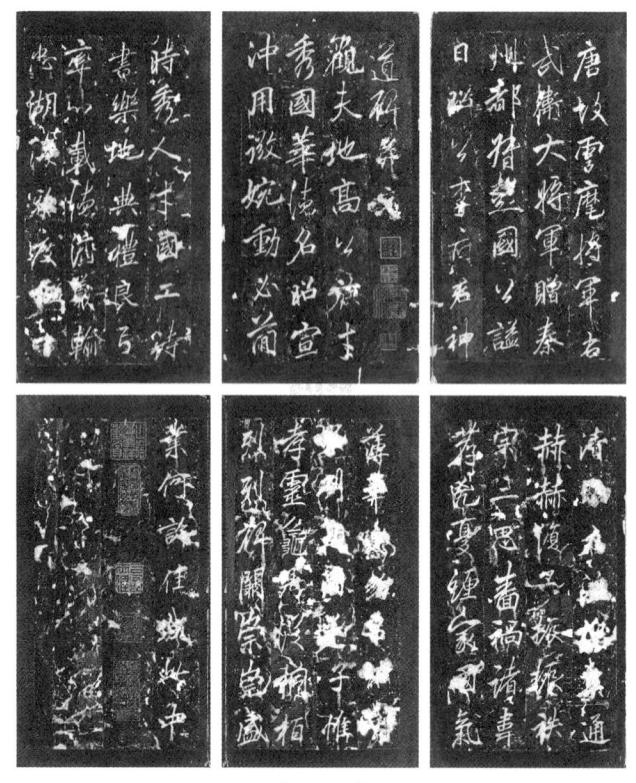

《李思训碑》

寸五分。现存陕西省蒲城桥陵，该碑保存状态一般，上半截石花满布，几不能读，下半截水浸漫漶，但整体性仍存。这是李邕在46岁时唐开元八年六月（720）刻立的，也是其撰并书。该碑系李邕壮年所作，碑书文俱佳。此碑书法劲健，气势凛然。用笔清劲自然洒脱，结字取势纵长，流畅有变，顿挫起伏，生动亮眼，顾盼有神，尽显盛唐风范。后人对此碑评价极高，有人评价此碑为李邕最具代表性的作品之一，是其最为出色的作品，甚至被评为李邕书法第一。明代杨慎在其《墨池琐录》中载"李北海书《云麾将军碑》为第一。其融液屈衍，纡徐妍溢，一法兰亭，但放笔差增其豪，丰体使益其媚，如卢询下朝，风度闲雅，萦辔回策，尽有蕴藉"。清代康有为在《广艺舟双楫》中云："若唐碑则怀仁所集之《圣教序》，不复论。外此可学，犹有三碑：李北海之《云麾将军》，寓奇变于规矩之中；颜平原之《裴将军》，藏分法于奋斫之内；《令狐夫人墓志》，使转顿挫，毫芒皆见，可为学行书石本佳碑，以笔法有入处也。"后人少见有对李邕此碑差评的，只有清梁巘《承晋斋积闻录》云："横逸已极，弊在太偏。"意思是李北海此碑书法飘逸洒脱到了极致，但缺点是结体过于偏峻。此碑奠定了李邕在书法史上的地位，其影响一直至今。就唐而言，受其影响较大的有宋儋、苏灵芝、张从申、徐浩，甚至包括颜真卿和唐末五代的杨凝式等。从书风上看，此碑是李邕作品中最为瘦硬险绝的，并带有一定的夸张性，这也就是清书评家梁巘不认同的地方。

《云麾将军李思训碑》不但书法称美于世，所记颂的碑主李思训将军能文能武，是唐代有名的山水画家，其作品有青绿山水和金碧山水的风格，时有"国朝山水第一"之评。李思训，陇西狄道（今甘肃临洮）人，是唐太祖李虎玄孙、唐宗室华阳县公李孝斌之子，因垂拱四年，武则天大杀唐朝宗室，李思训丢了官职躲藏起来。唐中宗（李显）神龙初任李思训为左羽林大将军，封彭国公，后转右武卫大将军。

《岳麓寺碑》

《岳麓寺碑》也称《麓山寺碑》，是李邕于唐开元十八年（730）所刻。当时李邕56岁。一说是李邕54岁时所书，比《李思训碑》晚八年。该碑存于湖南衡山县岳麓书院，后移至湖南长沙岳麓书院。明知府钱澍建亭护碑。碑上记为江夏黄仙鹤勒石，但有人论证黄仙鹤为李邕托名。碑为青石，高272厘米，宽133厘米，圆顶。碑文28行，每行56字，共1400余字。字体为行书。因年久风化，碑面部分花化，碑体有断裂，有些字已难辨认，现存1000余字。碑文叙述自晋泰始年间麓山寺建寺以来至唐立碑时，寺院的沿革及历代传教的情况。碑文中也记叙了历代官员对麓山寺的贡献，折射出佛教在湖湘大地的传播历史。辞章华丽，笔力雄健，刻艺精湛，是少有的集文、书、刻三方兼优的碑刻，故有"三绝碑"之称，亦称"北海三绝"碑，是目前湖南长沙市年代最早价值最高的碑刻文物之一。

岳麓书院麓山寺碑

麓山寺本身就名扬天下，又立此高碑，为历代艺林、文豪所推崇，许多名家专程到此学习参观。有书载宋代米芾于元丰三年（1080）专程前来临习，并刻"襄阳米芾同广惠道人来，元丰庚申元日"16字于碑阴。

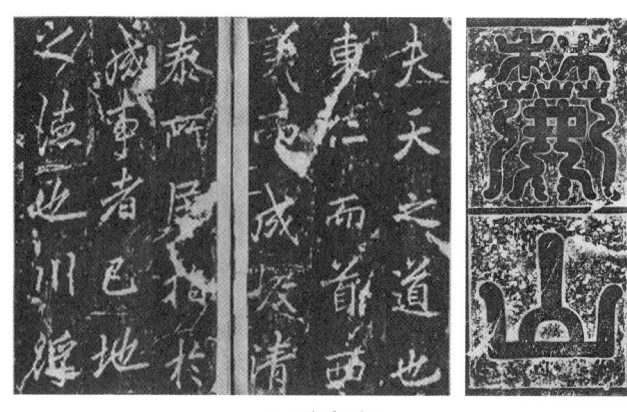

《岳麓寺碑》

后人对此碑评价甚高，赞其是李邕众多碑铭中最为精美的，特别是碑文优美而有气势，碑刻苍劲而精到，笔力雄健深厚。受此碑影响的苏轼、米芾等沿袭其法，元代赵孟頫说"每作大字一意拟之"。意思是要写大字时，经常参看临写此碑字体笔法。自古至今，许多文人雅士游览岳麓山时都特意来观摩此碑，如宋代的张栻、明代的李东阳等都曾留下吟咏诗篇。

黄庭坚《山谷集》评价此碑："字势豪逸，真复奇崛，所恨功巧太深耳。少令巧拙相半，使子敬复生，不过如此。"黄庭坚评价说，此碑只是少了几分古拙，不然即使王献之复出也不过如此而已。明王世贞说："《岳麓寺碑》胜《云麾将军李思训碑》……览其神情流放，天真烂漫，隐隐残楮断墨间，犹足倾倒眉山、吴兴也。"眉山是指苏轼，吴兴是指赵孟頫，足见李邕此碑的地位。

李邕在此碑中的书法采魏晋时期钟、王书体和北朝碑刻书法之长，所以落笔坚实，谨严而开合得体。在结字方面，结构宽博，向四面开放，中宫紧缩，将李邕行书奇崛多变的艺术风格表现得淋漓尽致。

历代效法《岳麓寺碑》者屡屡不绝，尤其是赵孟頫，一生写碑多效此法。现代书法名家林散之亦曾孜孜以求，临习此碑。

《法华寺碑》

全称《秦望山法华寺碑》。唐开元二十三年（735）刻。李邕时年61岁。原碑在山阴（今浙江绍兴）秦望山，但久已盗失，因而碑的大小已无从查考。世传只一剪裱孤本，为晚清书家何绍基藏宋拓孤本。以刀法验之，实是宋人刻本，非唐刻；从刀法笔势看，似木刻拓本，非石刻。何绍基尝双钩重刻一石。1912年上海有正书局印刷出版过影印本，笔者藏有一本1916年的重印本，虽是印刷本，但已是100多年前的印本，也算是珍贵。此碑在明代时有人翻刻，标明开元十一年或开元十三年刻立，实皆为明人翻刻。

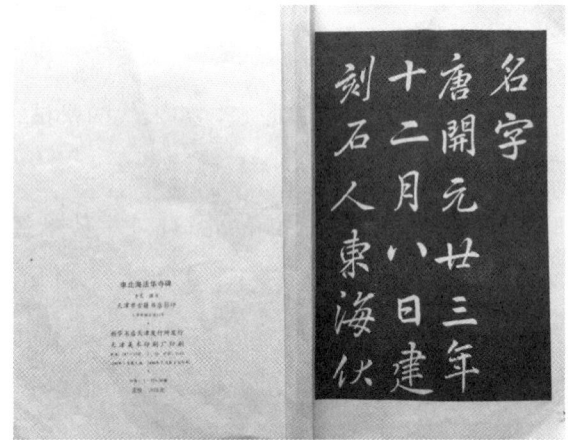

笔者收藏的 1986 年出版的《法华寺碑》

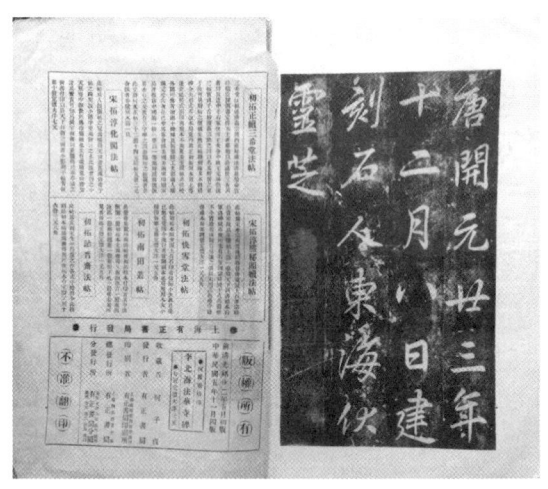

笔者收藏的 1916 年出版的《李北海法华寺碑》

该帖字迹匀称，笔势圆劲流丽，笔画殷实充润，结构布局端庄秀美，具有极高的艺术欣赏价值，与《云麾将军李思训碑》《麓山寺碑》比较，用笔风格略有不同，更多呈现"王书"特别是王献之风格。

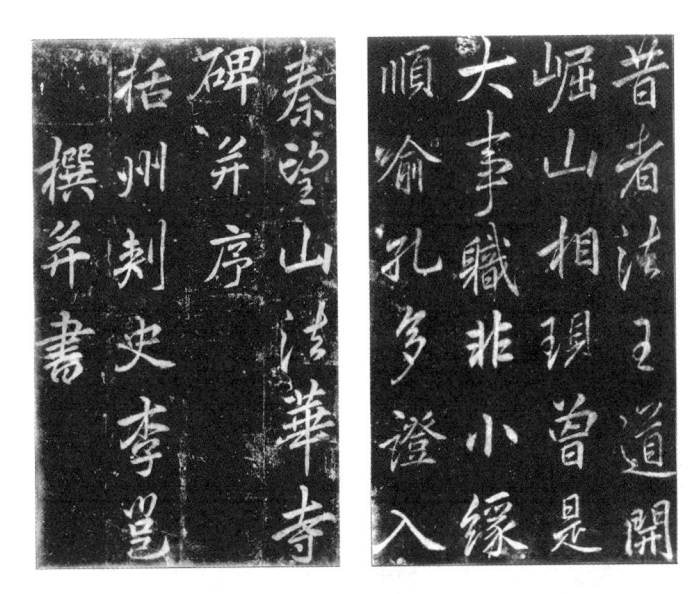

《法华寺碑》

该碑内容记述法华寺的地理风貌、历史沿革、传教育经的事迹。该碑受到许多书法家的喜爱，尤以何绍基对其评价最高。何绍基认为李邕诸碑各有特色，"而纯任天机，浑脱充沛则以《法华寺碑》为最胜"。《法华寺碑》初看有点像王献之书法，但仍有其独特性，虽为行书，用笔全为楷法，落笔严谨沉稳，笔画圆润充沛，实为碑中精品。

李邕的《法华寺碑》为何如此接近王献之风格呢？这应是李邕的有意所为，他一会儿创新求变，一会儿又不忘传统。在写《法华寺碑》这一时期，李邕在极力临学王献之，取"王书"之风。此碑是李邕所有作品中写得最为华丽、宽博、平和、沉静的。既不像《麓山寺碑》凌空取势，也不像《李思训碑》锋芒毕露，节奏明快，而是落笔严谨，运笔缓中求急，意如打太极拳。讲究笔笔充沛到位，圆润流畅，这应是李邕在追求王献之书风的同时，按照自己的审美思想进行新的尝试。

《云麾将军李秀碑》

这是李邕68岁时撰文并书的,立于唐天宝元年(742)。石久已裂,明末被人制成六础,后仅存二础,今存北京文天祥祠,有宋拓全本。宋拓存本上有大小钤印60枚,计70次,后面加页的题跋有多篇,足以说明此拓本流传历史悠久,流转于多个名家,也说明该碑拓之珍贵。

《李秀碑》

此碑书法笔画虽肥但骨力内含,字态虽丰满却雄秀之气溢于字外,其书得之"二王",但在用笔上增以豪迈,表现李邕精熟的用笔技巧和渊博敦厚的学识。清梁巘《诗书帖》说:"北海《李秀碑》比《云麾碑》更紧,有大令笔意。"清翁方纲在《复初斋文集》中云:"是碑北海书之最遒美者,远在陕碑《云麾》之上。"梁、翁二人的评述一语中的,此碑是李邕晚年作品,书法艺术日臻成熟,最能体现"北海如象"之李邕书风的厚重雄健与恢宏气势。在这些题跋中最有名的要数董其昌言："云麾将军瘦本为李师训，世多有之。肥本为李秀碑，石已泐，世无全本。此为唐拓，笔法宛然，北海云效我者拙，似我者死，虽赵集贤犹在门外。董其昌观。"

云麾将军李秀是唐朝著名战将，贞观初年，抗突厥来犯有功，拜左卫将军并获赐姓李。碑文记叙李秀指挥的两次战役情况，展现了李秀的军事谋略。有的人说这个碑文也是一篇兵书，是战例的分析总结。

《李秀碑》是李邕晚年的作品，书家晚年作品往往代表书家的顶峰水平，故有"通会之际，人书俱老"的说法。

李邕善于求变，每写一碑均有求新，各有异趣。此碑与李邕此前诸碑比较在书写格式上有明显不同，此前诸碑基本上按界格，一字为一格，行列分明，而《李秀碑》采用有列无行的方式，显得字间更紧凑而流畅灵活。如果说，《麓山寺碑》是力取横势，行中字距较为宽松，《李秀碑》则是以纵势为主，字与字间紧凑，力取纵势。此碑在笔触上与《麓山寺碑》十分相近，只是多了几分苍茫与匀净之中的淳厚感。苍茫源于李邕作品原有的秉性，而匀净则与《法华寺碑》有着内在联系。

此碑书法雄遒，具"二王"之妙。明董其昌云："右军如龙，北海如象。"所谓如象，即指笔力雄强厚重，而此《李秀碑》足以当之。现此碑宋代拓本仅存二本，一本在故宫博物院，另一本藏广州市博物馆。

《叶有道碑》

该碑全称为《唐故叶有道先生神道碑并序》，亦称《叶国重碑》《追魂碑》。唐代行书碑刻，李邕43岁书，开元五年（717）立于松阳，一说在今山东金乡，又说在今河南开封。书法俊逸闲雅，不见欹侧之态。书体特别俊美，书风非常流畅。北宋蔡襄评此碑是李邕书碑中第一，原碑已佚，仅有明代翻本传世。

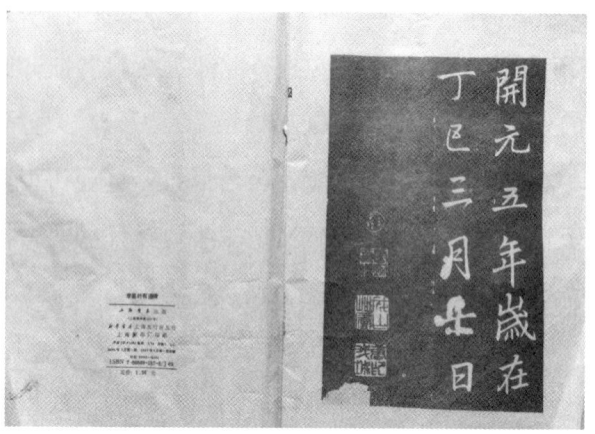

笔者收藏的 1990 年出版的《李邕叶有道碑》

　　清光绪年间修的《处州府志》卷末载有：玄宗时，李邕为处州刺史。邕以词翰名世，法善求邕为其祖有道先生国重作碑，邕从之。文成，并请书，弗许。一夕梦法善，请曰："向辱雄文，光贲泉壤，敢再求书。"邕喜而为书，未竟，钟鸣梦觉，至丁字下数点而止。法善刻毕，持墨本往谢，邕惊曰："始以为梦，乃真耶！"处州是现今的浙江丽水一带，始名于隋朝，唐朝又称括州。《叶有道碑》是李邕任处州刺史时所刻，后人有说是括州，实际上古代处州和括州基本上是一个地方，即今浙江丽水市一带。从年份上看，李邕在括州刺史任上是公元 735—736 年，而叶法善逝世是公元 720 年，故撰碑刻碑当是李邕在处州刺史任职期间。叶法善是括州括巷（今浙江丽水）人。自曾祖起三代为道士，历事高宗、中宗、则天、睿宗、玄宗五朝，被道教教徒尊为神仙。相传叶法善很有道行，活到 107 岁。《处州府志》讲的是：叶法善祖父叫有道先生，名国重，死后，叶法善要为之立碑，请李邕撰篇碑文，李邕先只答应写碑文内容。碑文作好后，叶法善又请李邕书写，以便刻碑，李邕却不答应。一天夜里，李邕梦见叶法善再次来求书。叶法善说得很诚恳："北海公书法已闻名天下，人皆以得公真迹而为莫大荣幸。望公许诺而赐之。再说，贫道乃为祖父求书，望公成全我的一片孝心。"李邕见法善心诚意切，便高兴地提笔书写。只剩几个字没有写完，晨钟已鸣响，他忽然而醒。李邕清清楚楚记得，他只写到"丁"字下数点便停止了。法善把碑刻好后拓了一张墨本，拿去给李邕看，感谢道：承您大驾，亲自为我祖先撰文又亲笔书写，真是感谢您啊。李邕看了墨本，竟和他梦境中书写的一样，大为惊诧，他说我以为是一场梦，原来是真的啊，我怎么就想不起来是哪个晚上写的呢？

后人所传李邕因梦觉，"至丁字下数点而止"，故此碑又称"丁丁碑"；还因传叶法善会使法于半夜追其魂而书之，即法善老和尚神通广大把李邕的灵魂拘了去为他写碑，故又俗谓"追魂碑"。志书把碑文的产生说得扑朔迷离，增加了此碑的神秘感。

《叶有道碑》明翻刻本现存于国家图书馆。该碑记述叶有道生平事迹，特别是治家为民的功绩，寄托后人对叶有道的崇敬，表达撰铭文立丰碑以记德的意愿。

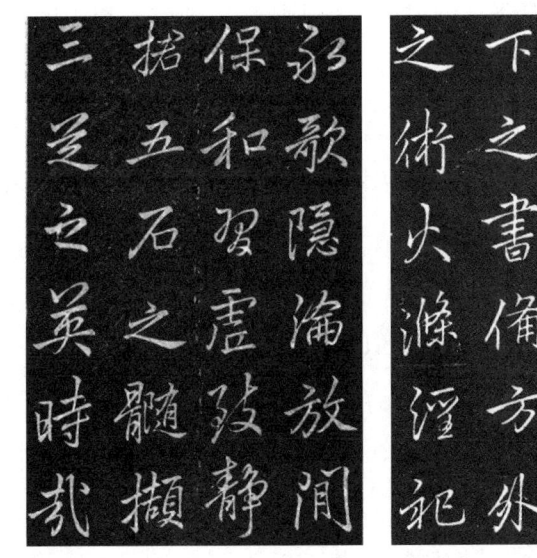

《叶有道碑》

字体为行楷之间，与其他碑书相比，此碑字体更加灵动顺畅，书法秀逸闲雅，后人对此评价极高。宋四大书法家之一的蔡襄将此碑赞为李邕碑版第一。明安世凤《墨林快事》称："李字之瘦硬有骨力者，莫过于此。"清初顾炎武也认为《叶有道碑》是李邕碑书迹中的最佳者。后来屡有仿刻仿书本的《叶有道碑》，此碑对宋蔡襄影响更大，欧阳修《集古录》提到：所录李邕书颇多，最后得此碑于蔡君谟。君谟善论书，为余言，"邕之所书，此最为佳也"。但蔡襄等人说的李邕碑书最佳者是指宋前行书旧书，是极享盛名而且十分珍贵的唐帖，为历代论书者极力推崇且堪作范本的"法书"。虽然目前《叶有道碑》是明代的翻刻本，可能比不上唐时真传本精到，但仔细品尝此碑，人们无不为李邕书法的秀美灵动、洒脱飘逸所折服。

《出师表》

《出师表》是一没有落款的绢本，割裂成册，前有"嘉庆御览之宝""宣统御览之宝""石渠宝笈"等印，后半书页及署款皆残缺，书者到底是谁名不可考。但书体书势仍似李邕，清《滋蕙堂法帖》收录此绢本直署为李北海书，近人王壮为在《中国书画》将其定为李邕真迹。绢本现藏台北故宫博物院。

在宋明书法史载或著录中，没有《出师表》的记载，因此《出师表》与《四言古诗卷》一样均为疑似李邕作品，但《出师表》落笔结字庄秀俊美，法度严谨，比《四言古诗卷》更优，比较符合李书《法华寺碑》《李思训碑》等碑的神韵，当中也有若干处又近赵孟頫，实则赵孟頫专学李邕法度，主要取法《麓山寺碑》《叶有道碑》《出师表》等碑帖。此碑帖写得平整工稳，宽横取横势，特别是楷行融合，似楷似行，

《出师表》

秀美稳健。《出师表》有几处如"将""道""有""事""为""得"等在写法上又不同于李邕其他作品，所以后人评判时也有异议者，但整体看，即使不是李邕真迹，也是一位学李书的顶尖高手所为。

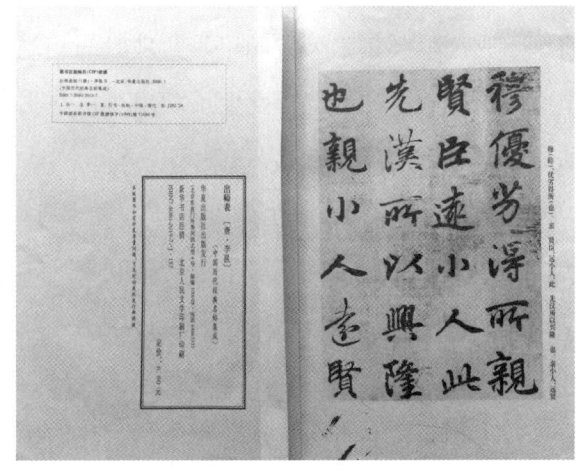

笔者收藏的 2000 年出版的《出师表》

从整体上看,《出师表》用笔相当严谨,基本上采用以侧取势的方法,以露锋为主,笔触往来,交代清楚,一目了然,结体趋于扁平,力取横势,点画往来,以法相接,极为耐看。前述虽有若干字与李书中其他碑法不同,但从李邕的书法个性看,又符合其经常创新求变的风格,因此不足以否定非李邕所书。

另外,从《出师表》笔势结体看,赵孟頫书法无论是行书还是楷书均主要取法于此,有人还误以为此书为赵孟頫之作。

《卢正道碑》

该碑全称为《唐故鄂州刺史卢府君神道碑》。碑刻尺寸为30.2×34.4厘米,由李邕撰并书,刻立于唐天宝元年(742),李邕时年68岁。碑石存于河南洛阳许家营,清拓本存在故宫博物院。碑石剥落十分严重,残存字不足五百字。拓片非常少,张彦生《善本碑帖录》记载:见何子贞藏刘彦冲旧藏本,何子贞跋云"如此小字而豪纵之气不可掩,可知戒坛铭之伪"。此碑较小,有骨有肉,书刻俱佳,特别是与《云麾将军李秀碑》同刻于天宝元年,两碑时间相差仅两个月,但在艺术风格上有明显不同,在一定程度上反映出李邕在书法创新上的求变风格和书法刻碑技术上的驾轻就熟。

从风格上看,《卢正道碑》介于《麓山寺碑》和《法华寺碑》之间,更多透出"二王"古风,写得极为精到宏逸,为李邕书法作品中最为紧结疏瘦的一路。该碑行楷融合,更近楷书,端正大气,碑字小工稳,结体力取横势,从容大度,笔意矫健,跌宕隽美,字里行间透出飞动灵秀,空灵洒脱,高贵典雅,骨气洞达,气韵生动。

《卢正道碑》字的排列很空灵,可以说,李邕在此碑中探索刻字的空灵到了极致,如此疏松的布局极为罕见。在书家创作中,一般疏密要

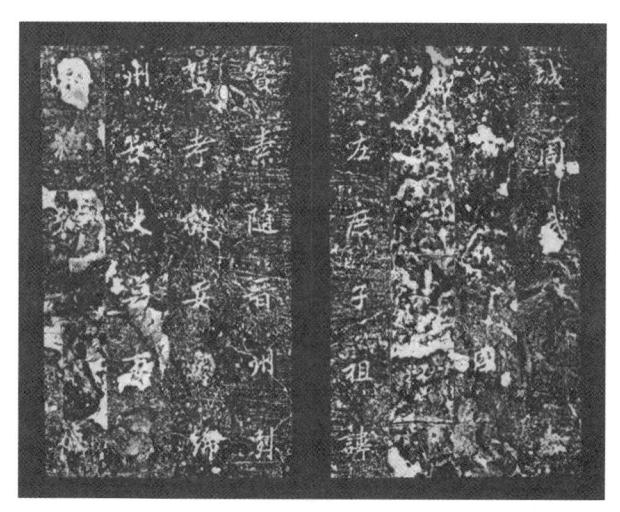

《卢正道碑》

得当。太密过于拥挤，过疏不易贯气，故一般书家大多避免用大疏法，即便疏也不会超过一个字的空间。李邕在此碑中不避书家之忌讳，反而一疏到底，而且疏得空灵，仿佛是群星璀璨，星罗棋布，又似原野春光，点滴红绿，笔势往来中自有一股浩然之气贯穿全体。这不仅需要组织，更需要杰出的艺术才能。这一方法对后世影响很大，如五代书法家杨凝式和明代的董其昌，书法章法布局都比较疏朗。书法史上一般认为杨凝式取法主要源于欧颜书法，但从他所写的名篇《韭花帖》看，也取了李邕此碑的用笔、结构和章法。

《任令则碑》

此碑规格35.3×36.2厘米，全称《陇关游奕使任令则碑》，唐天宝四年（745）刻。李邕撰并书，时年71岁。《欧斋藏碑帖目录》著录：任令则碑，天宝四载。李邕书。辛未自跋并录顾洞滨跋。十六开半。跋二开半。一册。碑石存于陕西武功县。该碑长期埋于地下，损害严重。

《任令则碑》

清嘉庆二十年（1815）为段嘉谟所访得。碑文有一千五百余字，但漫漶严重，可辨者仅八百余字。这是至今能看到的李邕最晚年的作品。书风带有沧桑感，雄浑豪迈的艺术风采溢于字里行间。笔力苍健，俊逸洒脱，与《李秀碑》风格非常接近。到了晚年，李邕书风趋于沧桑，但雄浑豪健的艺术风格犹存，此碑横毫入笔，意如逆水行舟，笔中力强，凸显李邕用笔典型特征，呈现李书晚年成熟纵逸的风貌，笔力特显老辣。

此碑与《卢正道碑》一样均采用写本摹勒入石。书法在前，立石在后，故年月虽改，但署衔仍旧。

《端州石室记》

李邕书刻于开元十五年（727），刻在端州七星岩上。现存于广东肇庆七星岩石室洞外，是"镇岩之宝"，属国家重点保护文物。石刻整体高1.07米，宽0.79米，包括题落款共18行，满行23字，共386字。该石刻可见文字319字，有的字迹已模糊。因石刻中央偏左有一马蹄形

《端州石室记》

印记，所以又称马蹄碑，这是唐开元十五年，在宦海沉浮多年、富有才情的李邕途经端州，被七星岩石室水洞奇景所吸引，认为找到自己心目中的人间仙境，故触景生情，书兴大发，一气书成《端州石室记》。这是一篇山水美文，具有唯物写实的手法，生动细腻描绘石室洞内人间仙境般的奇异景致，并抒发了积极有为的政治情怀。

李邕题书的石刻现存保护较好的有长沙岳麓书院内的《麓山寺碑》、陕西蒲城的《李思训碑》和广东肇庆七星岩的《端州石室记》，均为国家重点保护文物，为后代学书者所膜拜。

此碑书是一幅精美的书法作品，为正书碑刻，书法体方笔圆，力劲而气舒，疏朗峻拔，纵横开阖，结构严谨，风采生动。

后来有一位叫陈建侯的晚清福建人题了一首诗赞美，画龙点睛地提请世人关注七星岩地区为蓬莱仙境，人间佳景。诗云："五岳归来不看山，料应未上七星岩。劝君放眼寻将去，更有蓬莱在世间。"在这一风景胜地中，《端州石室记》独放耀眼光芒，在优美的自然风光中嵌入一处人文景观，令世人景仰。这幅石刻是李邕为数极少的以楷书入刻的作品之一。

《东林寺碑》

　　《东林寺碑》共24行，每行52字，又称《复东林寺碑》，自署立于唐开元十九年（731）。碑文华美，行楷书法瑰丽俊秀，充分展示了李邕书法的风格特色，观者云集，临摹者众多。元朝延祐七年（1320）东林寺遭大火焚烧，《东林寺碑》损毁严重。几年后，东林寺住持古智禅师依据拓本重新摹刻，立于虎溪桥畔。但到了明万历丁酉年间，此碑被一醉僧拦腰撞成两截。住持将两块断碑移入重建的神运殿中。到了清咸丰年间，太平天国军与清军在江西多年

《东林寺碑》

争战，上块残碑丢失。同治十一年，九江巡道许彦在东林寺附近的荒野荆棘中发现半块残碑，洗净污垢一看，正是《东林寺碑》的上半截，但业已损毁严重，仅存80余字。现今的李碑只剩数百字，已难读通全文，但从中可依稀看到李邕高超的书法艺术。

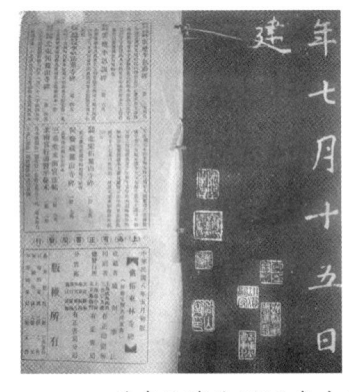

笔者收藏的1919年出版的《旧拓东林寺碑》

此碑著录首见欧阳棐《集古录目》卷六。碑文题称："前陈州刺史江夏李邕文并书。"

《晴热帖》和《久别帖》

《晴热帖》墨拓见于宋拓《淳化阁帖》，大约书于开元二十二年（734）。手札，刻本，行书，共七行，集于故宫博物院藏宋拓本《淳化阁帖》中。此帖亦称《三数日晴帖》《检校帖》。没有落款书写年月。此帖刻工精湛，笔画瘦劲，点画分明，干净有力，笔法灵动，风格起于"二王"但更接近王献之。与李邕其他规整谨严的石碑刻来比，此帖多了潇洒灵秀的风格，是一帖极为优秀的行草书作品。

《晴热帖》原文：三数日晴，顿热，若为自适也。仆少理，欲使小儿入京，当从澧州去，有书不？示之。诸公叹赛无九百之事，当不复爽也，故使驰问，不具。李邕白，十二日。差无多事，检校来一言集耳，通长孙五郎。

《晴热帖》　　　《久别帖》

《久别帖》(宋拓)原文：久别，怀仰增深，即日奉惟动静安胜。邕此不足言，言儿至彼多日，何时可令还家？谨状，五月四日。李邕。

《灵岩寺碑》

此碑全称为《灵岩寺碑颂并序》，是李邕于唐天宝元年（742）撰书。此碑现存山东泰山之阴，长清灵岩山之阳的灵岩寺鲁班洞中。碑一度散落民间，咸丰六年何绍基访得，时已断为两块，铭文多已残缺，以至于文意难以贯通。此碑存高有190厘米，宽90厘米。刻21行，满行41字，行书。此碑记述于宋赵明诚《金石录》中，碑文内容是以散文形式记叙灵岩寺自晋法定禅师建寺至唐开元年间立碑时的历史兴废。后中部分为颂，是五首五言诗，赞美灵岩风光，称颂高僧事迹。从此碑中可以了解灵岩寺早期的历史演变。该碑书法稳重大气，略显肥润，也具古拙之气。

碑文不仅是代表李邕书法特征的重要碑刻，也是唐代佛教寺院历史及佛事传颂与佛寺建构的重要实物材料。

《灵岩寺碑》

《娑罗树碑记》

　　这是李邕在任海州刺史时撰文并书的碑记。海州是今连云港一带。唐代淮阴有娑罗树，长势茂盛，不知何时何人所植，此树因与唐代著名高僧义净法师有关而声名远扬。义净是穿行海上丝绸之路的求法高僧，公元671年初，义净从齐州（今山东济南）南下，到广州取海路至印度，历经二十多年，游历三十余个国家后携大量梵本佛经归国，并终生从事译经，曾受到武则天出洛阳城迎接之礼遇，为佛教经典中国化作出了重要贡献，成为继玄奘之后又一位被赐封为"三藏"的中土译主。玄奘《大唐西域记》主要记载陆上丝绸之路的所见所闻，而义净则经历了海上丝绸之路的情况。相传义净法师自西域回来后，曾休宿并顿悟于这棵娑罗树下，娑罗树遂为其道场。义净圆寂后十年，即开元十一年，楚州及淮阴县官吏、佛寺高僧大德和乡绅建碑记其事迹，并请时任海州刺史的李邕为其撰文并书。《娑罗树碑记》高一尺三寸，一百三十八行，每行八字，行书书法，原碑立于江苏淮安府衙，毁于明隆庆年间，由淮

《娑罗树碑记》

安知府陈文烛依据小说家吴承恩保存的墨拓重新摹勒上石。

碑文内容主要讲述义净取经回来后,在娑罗树下休宿并研经顿悟,人们为纪念义净,立碑记述此事。

《玉烟堂法帖》(第十卷)

《玉烟堂法帖》是明代陈瓛汇集的名家书帖作品,共 24 卷,汇集汉晋至宋元各家名迹及石刻佳本,卷首有董其昌书长序,第十卷收录李邕作品。该帖中收录的李邕书法法度严谨,有行有楷,结体奇妙,行笔灵动,是学习李邕书法的上佳摹本。

《玉烟堂法帖》及其收录的李邕作品(部分)

李邕所存世的书碑甚多,都是书法碑帖中的优秀者,且各有特色,这里不一一赘述。吴培根编著的《李善和李邕》(湖北科学技术出版社 2015 年 11 月)说李邕存世书法作品有 32 种,有李邕自撰自书或自刻的碑刻,有他人撰文、李邕书写的碑刻,有刻入历代丛帖的李邕书法作品(不含已入碑的书法作品)。这与李邕生时所刻 800 多通作品相去甚远,尽管如此李邕也属于留存作品较多的书家之一,这为后人学习临摹提供了可贵摹本。

第五章　诗文高手

李邕不仅是书法高手、碑刻行家，更是文章大家；李邕不仅是书法仙手，也是文章快手，有"文名天下"之美誉。

李邕的诗和赋的水平很高。有人评价他的文章作赋水平高于他的书法水平。李邕诗文到底是个什么水平和地位呢？这可从《旧唐书·文苑传》中记述可见大概。其云：李邕"《张韩公行状》《洪州放生池碑》《批韦巨源谥议》，文士推重之"，水平之高堪称名篇；在《宣和书谱》中宋人如此评价："大抵人之才术多不兼称，王羲之以书掩其文，李淳风以术掩其学，文章书翰俱重于时，惟邕得之。"就是说一般名家往往在某一方面成就突出，有的书法强地位高，有的文章虽好，但地位较书法逊色得多，而李邕则是二者兼得，称誉于世。

李邕诗歌水平虽然比不过李白、杜甫那样的盛唐杰出的文学家、诗人，但也称得上是盛唐著名的文学家、诗人。他的诗词正如他的人格，被称为"词高行直"，体现刚直的个性和盛气奋发的精神。他的诗词情感真挚，格律严谨，内涵丰富深刻。李邕的文章格调高远，约有七十卷，但在后世流传过程中散失严重，《四库全书总目提要》注其诗文有六卷，包括诗、赋、表、碑、墓志等类。

诗文理念

　　李邕诗文的特点既是时代特征的体现，也是其个性特点的彰显。初唐不仅书法行变革之风，倡创新书体，文风也处于创变之中，李邕性格刚直，长期为谏官，思维有创变基因，语言风格火辣，是诗文变风革新的积极倡导者和实践者。李邕的诗歌和文章秉承的理念可以概括为"五求"，即求精、求实、求美、求刚、求变。

　　"叙事求精"。李邕的文章、文赋用词贴切准确，阐述评价精到深刻，素有"大手笔"之誉。如他为寺庙、人物写的颂文都力求恰到好处，歌功颂德纵横周到，历史地位寓于文中，功绩贡献跃然纸上。又如李邕帮人写过很多神道碑，这些往往既要盖棺论定，更求德业传世，李邕能够恰到好处地将碑主以及上溯到祖父一代的功业事迹精准评述，褒扬恰当，历史传承交代相当清楚，脉络清晰紧凑。李邕所作的碑文语言精练，时有妙语跳现，亮人眼球。其时能请到李邕作碑文是一件很体面的事，以至于当时一些重要人物、重要场所的墓志、碑文、赋文都要请李邕动手，即所谓求大手笔撰文，以显尊崇和高雅。

　　"内容求实"。李邕写过大量的碑志文，都以写实为主要风格，如有艺术写意之过，也是遵循基本史实，评价准确不随便歌颂功绩。现留存的李邕的碑志文有30多篇，分别收录于《李北海集》《全唐文》《唐文拾遗》等汇集中。这些碑志文多主要写人与物的历史，评价记述一些寺庙、场所等的发展演变和历史地位，李邕文章写得平实，叙事实事求是。

　　"用词求美"。李邕诗文文字优美，抒情写景、咏物言志都有较高而美的境界。特别是李邕写的咏物诗，例如到一个地方触景生情而作的诗词文赋多能捕捉一地一物的独特美景，并力求达到以景生情、以物喻理的唯美境界。同时李邕又有敏锐的洞察力和感悟力，诗文富有哲理思想，启人心智。他撰写诗文并不就事论事，时而联想引申，时而引经据典，阐述人生哲理，佳言、警句不断。

"文风求刚"。李邕的奏疏文体刚烈，直言敢谏，说理充分，直陈利弊，用词刚正，鞭辟入里，一针见血。如在武后时，曾帮助宋璟弹劾势头正盛的张昌宗兄弟，中宗时，上《谏郑普思以方技得幸疏》，睿宗时，写的《批韦巨源谥议》等都敢怒敢言，体现大无畏的气概，置生死于度外。特别是李邕写的奏议文，论理深刻，抓住要害，这种刚直的语言和气势在当时士大夫中并不多见。

"格调求变"。李邕性格特征中有求新求变的特质，因而在其诗文、文赋中亦有着鲜明的守正创新的特点。特别是其撰写的碑志文中既承接了唐以前碑志文的风格，又体现盛唐气象宏伟的时代特征，既旁征博引，视野开阔，又议论充分，敢于发表观点，相较此前的完全写实显得更有气势。也正是由于有李邕等一帮文人名士的助推，唐朝的碑志不只是陈述事物人物，而是由表及里，由事及理，往往加入了作者的评述，夹叙夹议，推动了文风的创变求新。

诗词特点

现存李邕的诗歌比较少，有记载的是十二首，分别收录于《全唐诗》《全唐诗补编》和《全唐诗外编》三部唐诗汇集中。

我们先来看看《全唐诗》收录的李邕的四首诗。

《铜雀妓》
西陵望何及，弦管徒在兹。
谁言死者乐？但令生者悲。
丈夫有余志，儿女焉足私？

扰扰多俗情，投迹互相师。

直节岂感激，荒淫乃凄其。

颍水有许由，西山有伯夷。

颂声何寥寥，唯闻铜雀诗。

君举良未易，永为后代嗤。

这是李邕登铜雀台时有感而发，铜雀妓为三国魏曹操的歌舞妓，李邕在诗中抒发了自己对铜雀台的歌妓悲惨命运的感叹——一看到铜雀台就想起歌舞女的命运，又有告诫当朝莫忘历史，要体察民情，体恤民忧的寓意。

《登历下古城员外孙新亭》

吾宗固神秀，体物写谋长。

形制开古迹，曾冰延乐方。

太山雄地理，巨壑眇云庄。

高兴汩烦促，永怀清典常。

含弘知四大，出入见三光。

负郭喜粳稻，安时歌吉祥。

这是李邕为北海郡守时，他的侄子李之芳时为齐州司马，相邀一同和杜甫聚会，聚会之地就是城外新修的亭子。诗中描写新亭的精巧结构，宏大气象，宴会的欢乐尽兴，描绘出歌乐吉祥，人们安居乐业的盛景。

《咏云》

彩云惊岁晚，缭绕孤山头。

散作五般色，凝为一段愁。

影虽沉涧底，形在天际游。

风动必飞去，不应长此留。

这首诗把云喻为人生，表达作者的心境和处境，云总是要飞在广阔天际，不要留恋一城一地，既喻云为乡愁，慨叹水之东流不返，云之变幻无穷，人生命运难以捉摸，又喻人生的飘浮不定，感叹人生暮年，满腹的愁苦，虽身在纷繁人世，思绪却一飞千里。"风动必飞去，不应长此留"是此诗的经典之句，富含哲理，体现一有时机，人生必有转机的期待。

《奉和初春幸太平公主南庄应制》
传闻银汉支机石，复见金舆出紫微。
织女桥边乌鹊起，仙人楼上凤凰飞。
流风入座飘歌扇，瀑水侵阶溅舞衣。
今日还同犯牛斗，乘槎共逐海潮归。

唐中宗景龙三年（709）二月御驾太平公主南庄，天子春游形成盛大的场面，天下文人写诗歌功颂德。唐中宗去看望妹妹太平公主，席间皇帝命令以此事为题作诗助兴。此处诗题应制即意为奉承皇帝之命写诗文。这是一首描绘古时山庄楼亭舞女歌笙，作者虽然有怀旧感想，更是对时下追逐美好共识的抒怀。

再看王重民《全唐诗补编·续拾》补收李邕的五首诗。

《游法华寺》
山势转深看更好，岭霞溪雾没楼台。
异时花向阴崖发，远处泉从青壁来。
世界自知千古促，贤愚悉被四时催。
须知此地终堪老，七窍终成一片灰。

这是一首游览诗。"山势转深看更好"，寓意深刻，要了解其本质就要深入其间，"转"字写出了山的动势与幽深。"须知此地终堪老"也是经典之句，再好的人生也会终老。全诗既是实境看景述物，但又上升到观察世界的哲理，感叹人生的岁月变迁。

《日赋附歌》

披云睹日兮目则明，就日瞻云兮心若惊。

日尔一日兮何道，时哉几时兮此生。

《题滑州公府大厅梁上》

大厦中构，山屹云斗。

黄河畎浍，太行培塿。

整庶宣风，缉戎备寇。

镇宁一方，光辅元后。

《秋夜泊江渚》（两首）

其一：

夜闻木叶落，疑是洞庭秋。

中宵起□望，正见沧江流。

□风□□□，山月隐城楼。

浔阳几万里，朝夕泛孤舟。

诗的第三句，第五句有几个字遗落未知。此首描绘秋景落叶的肃杀之景，"闻"中有"望"，"望"中有"闻"。作者感慨时光流逝，借喻人生坎坷，名士孤独，抱负又难以实现的惆怅。

其二：

我有方寸心，安在六尺躯。

怀山复怀□，□□□□□。

水能澄不浑，剑用持复酬。

珠已含报恩，□□□□□。

□□贫与富，但愿一相知。

其二中遗落的诗句和词句较多，总的意思似有些感叹人生悲欢，反映了作者心志高远又怀才不遇的心境。

　　　　　　　七绝

　　　忽闻天子访沉沦，万里迢迢远赴秦。

　　　早知不用无媒客，悔度江南杨柳春。

复旦大学教授陈尚君辑录的《全唐诗外编》补李邕诗两首。

　　《度巴硖》

　　　客从巴水渡，传尔溯行舟。

　　　是日风波霁，高塘雨半收。

　　　青山满蜀道，绿水向荆州。

　　　不作书相问，谁能慰别愁。

　　此诗描绘行舟巴硖的风景，所见所闻，虽自喻为过客，却充满对巴硖山水的乡愁。

　　　　　　　□□

　　　明时奉遣出（又作别）黄州，行至汉阳难渡头。

　　　春风不解传乡信，江月偏能照客愁。

　　这首诗描绘作者奉命去黄州，借景描绘自己的心情——春风难解客人的愁闷。

　　从李邕留存下来的十多首诗词来看，其诗词创作水准高，寓意深。写景写物生动，视角独特，如写云的动感，写山的峻势，写水的灵秀等，同时把事物运行规律与人生际遇结合，写出意境，写出乡愁情怀。李邕的诗富含人生哲理，如"春风不解传乡信，江月偏能照客愁""须知此地堪终老，七窍终成一片灰"，体现了以诗言志，以诗阐发内心的思绪。

　　李邕的诗留下来的不多，其诗名也不及其文章和书法，但在历史上李白、杜甫等诗圣、诗仙都为他写过诗，唐玄宗及一些重臣也为他写过诗。

　　唐玄宗李隆基专门写了一首诗《送李邕之任滑台》诗曰：

　　　汉家重东郡，宛彼白马津。

>　　黎庶既蕃殖，临之劳近臣。
>
>　　远别初首路，今行方及春。
>
>　　课成应第一，良牧尔当仁。

这是李邕赴滑台任职时唐玄宗的临行送别之作，诗中唐玄宗强调滑台的重要地位，李邕此职的重大责任并对李邕寄予希望。东郡是今河南东北和山东西南部一带，地理位置重要，滑台即今河南滑县，汉为军事要冲。李隆基视李邕为信任的"近臣""良牧"。从诗中可以看出，唐玄宗对李邕一度非常器重，不仅令其守护重要的封疆重地，又对他治理好一方疆土充满信心和希望。

唐代文学家李峤，对李邕也极为器重，在李邕外放时写了一首送别诗《送李安邑》：

>　　落日荒郊外，风景正凄凄。
>
>　　离人席上起，征马路旁嘶。
>
>　　别酒倾壶赠，行书掩泪题。
>
>　　殷勤御沟水，从此各东西。

前已述及，在李邕年轻时，李峤不仅让李邕到秘书阁读书，并且推荐他为谏官。大约是在唐中宗神龙二年（706），张柬之被武三思诬告谋反，李邕也受到牵连，贬南和令。这首诗正是在李邕外贬赴任出发前而作。李峤写诗道出了离别时的惺惺相惜和恋恋不舍，诗中把人马的互动写得丝丝入扣，把别酒辞行书写得悲伤有情，可以看出两人的深情厚谊。

宋代理学家张栻写过一首《读李邕碑》：

>　　荒榛日莫倚筇时，叹息危亭北海碑。
>
>　　后辈但知尊字画，当年不得戍边垂。
>
>　　岂关贝锦有成祸，只恐干将不自奇。
>
>　　杜老惜才千古意，如今谁咏六公辞？

文章高手

唐朝善于写文章流传于世的人很多,善写文章同时又善于书法的却并不多。论写文章,"初唐四杰"之首的王勃,堪称大家,善写文章,但书法并不传世。后来的韩愈也是文章高手,但书法并不突出。李邕的文章书法俱佳。唐皇甫湜云:"李北海之文,如赤羽白甲,延亘平野,如云如风,如貔如虎,阗然鼓之,吁可畏也。"

李邕当时文名天下,声誉广播,引来许多学坛新锐拜见,以诗干谒。也有人说李邕是盛唐时期的一代文宗,说其文章风格形象鲜明,格局宏大,气势充盈,富有改革气息,是当时推进文风革新的一位突出代表人物。

李邕的文章主要有赋文、奏议文、碑文等。

赋作为我国古代的一种有韵律有对仗、比较工整的文体流行于世,介于诗和散文之间,比诗更自由奔放,比散文又更工稳严谨。赋是讲求文采和韵律双结合的文体,广泛运用于记述重大景物、重大事件、重大场合。纪晓岚曾评说赋这一文体是:"铺采摛文",尽赋之体;"体物写志",尽赋之旨。清人刘熙载云:"赋别于诗者,诗辞情少而声情多,赋声情少而辞情多。"

李邕比较有名的赋有五篇:《石赋》描述石的特质,以石喻人,赋予石的生命活力;《鹘赋》写鹘鹰击长空的生动图景;《斗鸭赋》描述"斗鸭"场景和鸭的形态,传神入化;《春赋》《日赋》借用夸父逐日未果,表达对自然景物的感悟。李邕善用赋来描述景物景色,如李邕在《日赋》中描述阳光普照风和日丽的美景:"扬晖而四方动色,霁景而万物耸观。豁云雾之凝暗,解雪霜之冱寒。愿挥戈兮再昼,俟倾藿兮长安。至若瑞气浮烟,休征抱戴。乍出海而融朗,忽飞天而光大。千里发乎主明，五色见于时泰。"

前已述及，李邕是写碑文的高手，特别擅长名胜古迹、寺院寺庙的历史叙述，如《麓山寺碑》内容就堪称大家之手笔。文中造词优美，不乏富有哲理之词，"百川到海，同味于咸；千叶在莲，比色于净""以家而形于孝友，以己而广于诗书，以重而雅俗自兴，以明而至道丕若"。这些都是《麓山寺碑》中出现的名言哲句。李邕途经端州被七星岩石室水洞的奇景吸引，写的《端州石室记》，既是一篇山水美文，同时又富含人生哲理：描绘这里的地理山势用锦嶂壁立，群峰嵯峨，飞动逼人，屹耸惊视；描述这里访客众多人杰地灵，各方人士仰慕而来，说"慕名者执雌而退，徇物者守心而安；求道者息虑而凝，怀书者陋古而默"。

李邕给风景名胜、寺庙殿堂写的赋都像是一篇抒情散文，为时人所追慕，为后人所欣赏。这方面的赋文如《麓山寺碑》《秦望山法华寺碑》《东林寺碑》《端州石室记》《灵岩寺碑》等。《麓山寺碑》一开始就说"夫天之道也，东仁而首，西义而成，故清泰所居，指于成事者已"，中有"一法开无量之门，一音警无边之众"，都写得气势强劲。《法华寺碑》中有"转置热恼之众，延集清凉之都，念兹在兹，广矣大矣"，"登山而野旷心空，浴水而垢除意净"。《东林寺碑》中有"如来之室，宛化出于林间；帝释之幢，忽飞来于空外"，"琉璃之地，月照灼而徘徊；旃檀之龛，吹芬芳而秘馞"。《端州石室记》中有"岂直避暑窟室，缔赏林峦，击石如钟，酌泉如醴；固亦转丹灶，掇紫芝，迹参寥之远心，惟习隐之幽致者也乎？"

古代碑文主要有功德碑、庙碑、墓碑、记事碑、纪念碑、诗碑等。李邕对这几种碑文都很擅长，他主要写碑文、寺庙记事文、赋文、奏文。如碑文方面，许多人都慕名求书、求文。古代文人写文常有稿费，雅称润笔费。李邕写过的此类文章，"受纳馈遗亦至巨万"。杜甫诗云："干谒走其门，碑版照四裔……丰屋珊瑚钩，麒麟织成罽。紫骝随剑几，义取无虚岁。"说的是李邕京城生活奢侈。诗中干谒是拜见之意。当时求李邕写文章的人满屋等着，李邕写的碑文很多，如庭院绫罗绸缎挂满屋子房梁；紫骝是指骏马，李邕家常见到有很多骏马挂宝剑的场景，这里指外地来求拜者；"义取无虚岁"指每年取润笔费没有闲过。

唐开元十一年（723）李邕任海州（今江苏连云港）刺史。《海州大运寺禅院碑》是李邕创作的一篇散文并写成书法立碑。碑文一开头两句就哲理深刻。"天也地也，摄生之谓元造；日也月也，容光之谓神功。然亭育之仁，可干终灭；照明之力，未焯昏霾。"意思是指天地是生命之源，为万物生灵的造化，日月是人间光明生机的源泉。然而天地的养育之仁，终归消亡；日月的照明之力也不能扫照乱世黑暗。李邕写了许多名寺禅院的碑文，通常都是写景写物与抒情明理结合，并不时上升到理性高度，洞察万物之规律，阐明人生在世之哲理，故此比一般的碑文更为深刻。

《郑州大云寺碑》是李邕创作的另一篇散文。

郑州大云寺始建于唐代，是我国历史上唯一的一位女皇帝武则天"制领天下，令两京诸州"修建的。相传当时有一本《大云经》写有"弥勒下生作女王，威伏天下"之句，武则天就以此为依据，利用佛教论为其登上帝位大造舆论。但武则天之后，唐王朝就让两京诸州各地拆除了大云寺。碑文中有"发趣如因，弥入禅寂，虽独得断相，而同人有为"——生发趣向都事出有因，选择在禅院寂静中消除凡心杂念，与外界隔绝联系，志同道合者有所作为。

《大相国寺碑》也是李邕创作的一篇碑记散文。开封的大相国寺天下闻名，不仅是中国十大汉传佛教名寺之一，而且有个十绝碑，正是李邕所作。唐朝某日，李邕随皇帝来到大相国寺，并在此留宿。大相国寺慕名李邕书法文章已久。因此，寺内净持大师来见李邕。之前大相国寺也多次派人去找李邕求碑文，都被李邕回绝，因此净持想了一个激将法。净持和李邕谈了几句后话不投机，净持说"大学士莫发脾气，老衲言出不当。但也不至于因此而使大学士连示墨宝于老衲的勇气也没有了吧？若大学士真是如此没有宽宏大量，老衲把此事一说，大学士岂不怕天下人笑话吗？"李邕一想，也是，老和尚只是来看我的墨宝，给他看看也无妨。于是李邕把书作展示出来，净持大师见了心中暗叹果然名不虚传，文章书法确是天下一流，但他不露声色，仔细观赏，始终不发一言，不作赞扬。李邕心想别人见了我的书法文章都是脱口赞誉，为何净持大师不发议论，莫是见多识广也是高手？他忍不住问道："大师慧眼，学生令大师见笑了，但望略评不足。"净持回道："我大相国寺乃天下著名寺院，自古以来便是为天下名士吟咏展艺之高地，文辞书画收藏颇丰。老衲观大学士之佳作，虽也颇具功力，但较先贤名士，恐怕还稍有差距。"这话立即激起李邕不服输的意气，要求看看大相国寺的藏品。李邕原以为寺院道观只是落魄文人际会之地，不是什么文化高雅之所。大相国寺却不一样，不仅皇帝亲临，而且有知名艺贤精品之藏，看完大相国寺书法精品后李邕也感叹大相国寺所藏之丰，水平之高，因而也有意创作一幅登之大堂。净持大师见火候已到，再次提议李邕也为大相国寺写一碑文，并称当世唯有李邕胜此雅任。李邕于是格外重视此托，精心创作，先细敲碑文，尽情感怀大相国寺的盛况，谓之："棋布黄金，图拟碧络，云廓八景，雨散四花，国土威神，塔庙崇丽，此其极也。虽五香紫府，太息芳馨，千灯赤城，永怀照灼，人间天上，物外异形，固可得而言也。"大相国寺的十绝，包括弥勒至秀、御书碑额、金像新画、佛殿摩像、李秀佛殿、排云宝阁、石抱五画、沙门画像、梵玉帝画、画库壁画等均在碑文中提及，故《大相国寺碑》又称《十绝碑》。

　　李邕的碑刻是唐以后金石碑刻的重点之一，这一点我们可从赵明诚和李清照的《金石录》中了解一二。赵明诚是宋代著名的金石学家，他一生致力于金石考录，其妻李清照是著名女词人。他们夫妻两人志同道合，堪称文化伉俪。在赵明诚的《金石录》中，列入目录的李邕的书碑计有十七通，重点收录了李邕的代表作品《端州石室记》《麓山寺碑》《法华寺碑》《云麾将军李思训碑》《云麾将军李秀碑》。

赵明诚在《金石录》中特别记载了他与灵岩寺碑的经历。那是大观三年（1109）九月，赵明诚与好友共游灵岩寺，并住了两宿才归，对灵岩寺有了初步的了解。北宋政和三年（1113）九月，赵明诚又从历下（今山东济南）再游灵岩寺，这次目的很明确——在灵岩寺观赏研究李邕的《灵岩寺碑颂并序》。作为金石学顶尖专家的赵明诚自然是知道李邕在碑刻历史的地位的，因而从碑文到碑刻都细加察研。

李邕性直刚正，写碑志文一般实事求是，评价赞扬恰到好处，不随意夸张，但由于时代所限，李邕也有一定的灵活性——在碑志文中也偶有奉承附势之文。当时社会上写碑志文等文稿是有报酬的，李邕又为人豪爽，好结朋友，难免写一些赞美过头的碑文，博取求字者的欢心。客观地说，《叶有道碑》《赠虢州刺史杨历碑》等都有歌功颂德、赞美过头之处。

但李邕的谏议文、奏文等则写得刚直，字字千钧，感动朝野。如《旧唐书》《新唐书》载李邕的《谏郑普思以方技得幸疏》《批韦巨源谥议》《又驳韦巨源谥议》《谢恩慰谕表》等，这些奏议文李邕极为讲究，写得情真意切，有理有据，条理清晰，用词精准。修辞手法常用对句、假设，自问自答，引经据典，以历史事实说话，往往言之切切，情之浓浓，收到很好效果。

碑联异曲后有来者

历史上为逝者写碑，善写神道碑文的高手当属李邕。他乐于此事，写出了名声。历史演替，寄托哀思逐渐由写神道碑文变成了写挽联。而历史上善写挽联的高手无疑要数清朝曾国藩了。曾国藩既是政治家、军事家，也是书法家，他注重刚健优美和协调，尊重欧阳询、李邕、黄庭坚等刚劲派书法家作品，又借鉴褚遂良、董其昌等多姿派技法，融为一体。

曾国藩善写碑文特别是为逝者作挽联。有记载道光年间，曾国藩的至交好友汤鹏给曾国藩拜年，汤鹏竟然不经意间看到曾国藩给自己写的挽联，一气之下与曾国藩割袍断义，气而绝交，但几个月后汤鹏竟真的病死了。原因是汤鹏夏天酷热喝了一大碗大黄药材的汤，别人劝他天热不能喝过多这样热性的药材，他偏不信邪，负气大喝一罐结果当天就去世了。这时曾国藩写的挽联还真的用上了，"著书成二十万言，才未尽也；得谤遍九州之海，名亦随之"。"海秋仁兄千古"。海秋是汤鹏的笔名。

曾国藩学富五车，才高八斗，却和李邕一样也爱这种悼文文体。某种意义上可以说，这是他们两人为官心思重，不仅爱琢磨字，也爱琢磨人的缘故。上面说到的汤鹏未死时却在曾国藩家中看到挽联，原来是曾国藩业余练书法，写文章专注度高，形成自己的爱好——专门写挽联，写书上头上瘾了，开始是有逝者家人来求写，他爽快应允，一挥而就，以此为乐。后来曾国藩为了提高挽联水平，开始琢磨如何提前布局了，加上周围人"仙逝"的速度已经赶不上他的创作热情了，于是他开始琢磨起活人来，琢磨的对象主要是周边的亲朋好友，官仕朋客，以备急时之需。但这只能悄悄地写，可不承想那天却被好友汤鹏看到而闹出了麻烦。当然曾国藩善写挽联也使他获得"好人"口碑，如他早期写的挽联主要是对准京城官宦家的夫人们——这些夫人含辛茹苦养大孩子，后辈一个个功成名就，她们一个个带着欣慰离开，驾鹤西去又留下无限希望。曾国藩善于以此为题材。他针对官宦家的要求，总是饱含深情，寄托哀思写出一副副文采和感情并茂的挽联，得到主家赞扬而留下口碑。

当时在京城流传一个段子，说谁办丧事有两件事要有人去办，"曾国藩作挽联，江忠源送灵柩"。江忠源也是湖南人，很重乡谊，如有朋友或者同乡死于京城，他会出钱买棺材，有时还会帮护送灵柩还乡。当然夫人们养尊处优，一年之中去世的人没几个，根本就不够曾国藩创作练手，所以他才悄悄为活人写挽联。

古人写悼文之类，特别是神道碑的碑文和挽联多挂在大庭广众之下，有的还要被刻于逝者墓地，是要给人评头论足的，于是官场文坛又有了比谁送的挽联写得好，谁的碑文写得精彩，甚至以其作为一种文风。例如，胡林翼是湘籍重臣，也是曾国藩的同僚好友，当胡林翼的病逝消息传来，曾国藩一口气写了三副挽联，两副以自己名义，一副以弟弟曾国荃名义写。曾国藩先写："吴会未平，是先帝与荩臣临终遗恨；楚材方盛，愿后人继我公不世勋名。"又写："少壮剧豪雄，到暮年折节谦虚，但思尽忠补过；东南名将帅，赖先生苦心调护，联为骨肉弟昆。"这是代弟曾国荃挽胡林翼。第三副为："竭治武治兵治贼之心，丹陛惟诚，从病积贤劳，三疏乞休犹未允；后忠烈忠武忠节而逝，黄泉聚首，知功成皖鄂，百年遗恨定同销。"当时朝野大员、名流都撰写了挽联挂在胡林翼的府上，大家在悼念之余居然还开展了一场评选谁的挽联写得精彩的文学点评活动。大家左评右议，曾国藩写的三副挽联包揽了前三名，可见其文采之妙，风头之劲。

曾国藩挽胡林翼撰联第一联中另一版本是："逋寇在吴中，为先帝与荩臣临终憾事；荐贤满天下，愿后人补我公未竟勋名。"

第三联另一版本为：

"誓清大地山河，一捷湘，再捷鄂，三捷吴，怎奈浔阳告捷，遽陨台星，将军忠勇果忘家，手掷骷髅，都不记上有老亲，下无弱息；

哭断隔江枫荻，生同时，居同里，官同僚，自惭伟略难同，空悲旧雨，此日东南犹苦战，净扫莦荇，问谁能匡扶社稷，力挽天心。"

后来曾国藩转战南北，平定太平天国，每天失去生命的人很多，在战事之余，仍不忘为著名战将写挽联，而曾国藩的书法、文学水平也和他的战功一样名扬天下。同治十一年（1872）二月，曾国藩病逝后收到上千副挽联，历史评定写得最好的两个要数左宗棠和李鸿章。

左宗棠撰联是："谋国之忠，知人之明，自愧不如元辅。同心若金，攻错若石，相期无负平生。"

李鸿章撰联是："师事近三十年，薪尽火传，筑室忝为门生长；威名震九万里，内安外攘，旷世难逢天下才。"

此外，还有一副挽联相传是曾国藩弟子写的，被不少人评为最佳挽联——"立德立功立言三不朽，为师为将为相一完人"。立德、立功、立言三不朽出自《左传》记载的春秋战国时期范宣子与叔孙豹讨论不朽问题，叔孙豹认为真正的不朽是德行、功业、流芳百世，受人世代纪念尊崇。其时社会高度评价曾国藩为三不朽楷模，受世人尊重。

第六章　狂傲人品

中国书法历史悠久，如果从甲骨文算起有3500多年历史，作为艺术的历史也有2000多年。在书法发展历史中，涌现了许多书法名家，成为中国书法传承创新进程闪烁的明星。李邕在其中地位如何呢？李邕的人品与书品又是一个什么关系呢？

中国人喜欢说"字如其人"，就是说从一个人的书法特点风格中看出这个人的人品性格。"字如其人"是中国传统文化的一个重要现象，是文人书家追求的艺术与人生境界。虽然"字如其人"不能完全说是正确的，但历史上许多书法家书法与人品的结合却在一定程度上印证了这句话的某些契合性。如通常我们讲到颜真卿的字骨力刚强，说他人品也是铮铮铁骨，刚正不阿。因为他在历史上是抗击叛军的战将，有视死如归的气节，人们喜爱他的人品，也喜爱他的书法，是谓爱屋及乌，特别是将他的《祭侄文稿》定为天下第二行书，就是对其人品和书品有机结合的高度肯定。而讲到赵孟頫时，不少人会说赵字里透出媚俗，这主要是由于赵孟頫是宋代宗室之人却在元代为官，这在当时人的眼里是违背传统伦理的，错离了中国古代封建的价值判断。虽然赵孟頫的书法成就极高，但因为有人质疑他的为人——有"贰臣"之虞，因而也连带评论他的书法之弊为媚俗。还有一个典型就是宋代的蔡京。蔡京是北宋权相之一。蔡京书法水平很高，但是由于蔡京在历史上被定为奸相，其书法的成就也被湮灭。人们说宋代四个书法大家"苏、黄、米、蔡"，这里的"蔡"，现指蔡襄，历史上有人说是指蔡京。蔡京在历史上与米芾有过一段对话。有一次蔡京与米芾聊天，蔡京问米芾："当今时代什么人书法最好。"米芾回答说："从唐朝晚期的柳公权之后，就得算你和你的弟弟蔡卞了。"蔡京问："其次呢?"米芾说："当然是我。"但因蔡京历史上被称为六贼之首，而宋人书法"尚意"，特别注重个人风格与品性，故人们把"宋四家"中的"蔡"改蔡京为蔡襄。

有人说李邕书法和他的人品一样，其书法雄浑险峻，虽然出自"二王"之源，却笔法一新，他的书法透露出杀气，藏隐着奇巧，好像他握起笔来就如握剑一样，干净利落，剑走偏锋，不同平常，左高右低或左低右高，斩钉截铁，如同随时拔剑的侠客。李邕的书法特点是骨感稳重，刚健有力，其书法既有承继传统的一面，又有创新求变的一面。而后人对李邕的人品也是"刚直""谋财"褒贬兼而有之。李邕真实的人品既有敢于直言、刚正不阿的一面，也有工于心计、好施权谋的一面；既有为人厚道、乐善好施的一面，也有狂傲自大、写书敛财、刻碑受利的一面，对李邕的人品特点和人生经历，世人褒贬不一。

好学求进，少已成名

李邕年轻时就显示出与一般人不一样的好学精神，是少年才俊。李邕的父亲李善学识贯通古今，虽勤于读书补注，但文笔并不十分突出，不善文表，李善专门为一些著作文章做注释，写于《文选注》，但有时依词解析忽略了文意，就是人们通常所说的只重直译直释，李邕父亲书成后对书的注释内容父子两人有过讨论，李邕明确指出直译的不足，并帮助父亲作了部分修改，既能据词释意，又能更深地表述原意，依意而译注。最终成书时某些注解保留了两种解释，即既有李善的直译解释，也听进了李邕的意见，保留了李邕依词意的解释。李邕二十二三岁到宫廷藏书馆见文辞大家、宰相李峤，表达了进秘书阁阅读藏书的强烈意向。

李邕的再三恳求，打动了李峤，让他暂住秘书阁。李邕读书又快又深，抓住关键要害，记忆力极强，在李邕结束秘阁读书时接受了李峤的测试。当李峤问一些书的情况，特别是就一些秘本书及未公开的文章问李邕，也就是说专问一些玄奥生僻的地方，李邕居然能对答如流，如数家珍，尽得要领。李峤十分惊讶和感叹，料定李邕将来定会成名成家。

李邕好学求进的特质，表现在他的书法中则体现为善于学习，特别是钻研"二王"吸取营养，勤下功夫，又善于创新风格，自成一体，成为书法大家。李邕的书法作品内涵丰富，这与他善于学习思考，文史涵养深厚有关。

性格刚烈，不畏强权

李邕为人正直，敢怒敢言，不计祸福，很有正义感，但也很张扬，难免得罪权贵。早在武则天时期，他就仗义执言，在武则天面前不屈不挠，敢于直言，体现巨大胆略勇气。有人说你胆子真大，竟敢在皇上面前陈词力争，他回答："不癫不狂，其名不彰。若不如此，后代何以称也？"他不仅对社会的是非明辨事理，也敢在皇上面前据理力谏，体现正气凛然，铮铮铁骨。在这方面李邕没有辜负李峤等的期望，也得到历史的肯定。杜甫《八哀诗·赠秘书监江夏李公邕》中"否臧太常议，面折两张势"所说的就是李邕敢于直言的故事。"面折两张势"前已述及，就是为宋璟之奏，折张易之、张昌宗威风的事。"否臧太常议"也是说李邕敢于"犯上"的故事。在睿宗朝，睿宗考虑到韦巨源的教护之功，以韦巨源为先帝故宰相，要封赠韦为"特进、荆州大都督"，太常博士李处直提议谥"昭"。韦巨源是唐朝宰相，并四次拜相，是韦皇后的心腹，李隆基发动唐隆政变时为乱兵所杀。李邕时为户部员外郎，并无讽谏之责，但他仍净言直谏，认为不可这样改。李邕说：武三思引荐他为宰相，韦后以他为宗亲。无功受封，无得受禄。谥号"昭"是不合适的。李邕后来还专门上了一篇表文《又驳韦巨源谥议》，他认为"夫古之谥，在乎劝沮，将杜小人之业，冀长君子之风。故为善者虽存不贵仕，而没有余名，此贤达所以砥节也；为恶者虽生有所幸，死怀所惩，此回邪所以易心也"。李邕又说，谥号关系重大，不可随意加封，何况韦巨源是韦武党羽，曾经附和外戚。李邕敢于上书，列举韦巨源罪状，文章锋芒毕露，气势凌厉，拳拳之心，赤胆相见，震惊朝野，人们无不钦佩，杜甫诗"否臧太常议"就是记述李邕这一佳事。杜甫的八哀诗是组诗作品，专门诗悼王思礼、李光弼、严武、汝阳王李琎、李邕、苏源明、郑虔、张九龄等八人。每首诗均采取现实主义的手法，用韵记录八个人的生平历史、传世事迹，对现实生活进行典型的艺术概括。

张易之用权，而李邕折其角，杀其威风。韦氏恃势，而李邕也敢挫其锋芒，均说明李邕是一个刚直的官员。李邕曾得到玄宗的很多恩宠，玄宗甚至以诗相赠，一时风光无限，但玄宗在位44年李邕却一直外放，屡遭贬谪，奔波于京师之外，照理说，皇上欣赏他，应该更有作为，但李邕的性格影响了他，加之自身摇摆不定，没有政治家和知识分子应有的坚守，因而是一个颇具争议的人物。

乐善好施，广交朋友

李邕撰文刻碑收入颇丰，他常利用所得帮助别人，周济穷苦，留下美名。他好尚义气，爱惜英才，有过拯救孤苦的美德善行。李邕在益州为官时，见义相助一个女子。这个女子因丈夫被人谋害，愤而持刀复仇，刺杀真凶而入狱，罪当极刑。这时李邕挺身而出飞章上疏朝廷，救下女子。为此，诗人李白写了叙事乐府《东海有勇妇》：

梁山感杞妻，恸哭为之倾。金石忽暂开，都由激深情。东海有勇妇，何惭苏子卿。学剑越处子，超然若流星。捐躯报夫仇，万死不顾生。白刃耀素雪，苍天感精诚。十步两躩跃，三呼一交兵。斩首掉国门，蹴踏五藏行。豁此伉俪愤，粲然大义明。北海李使君，飞章奏天庭。舍罪警风俗，流芳播沧瀛。名在烈女籍，竹帛已光荣。淳于免诏狱，汉主为缇萦。津妾一棹歌，脱父于严刑。十子若不肖，不如一女英。豫让斩空衣，有心竟无成。要离杀庆忌，壮夫所素轻。妻子亦何辜，焚之买虚声。岂如东海妇，事立独扬名。

李邕好尚义气，也爱惜人才。有一次李邕返乡，见到一位穷困潦倒的远房族弟屡屡落第而穷困不堪。李邕对这位族弟的境遇十分同情，鼓励他奋发向上，每月供给他生活费，经常寄给他攻读所需的典籍和文房四宝。后来这位族弟登上仕途，对李邕感激不尽，差人给李邕送去银子，但李邕却婉言谢绝。

李邕乐善好施、见义勇为还有二则故事。

一则见于王定保《唐摭言》，这是一部笔记小说集，共分15卷，撰者为唐末五代的王定保，专门记一些史志中未及的杂事、社会奇闻趣事，名人故事。卷四"气义"中提到，"李北海年十七，携三百缣就纳国色，偶遇人启护，倒囊济之"。说的是李邕十七岁时，携带三百缣聘纳家室，途中偶遇路人求助，于是倾囊加以救济。这种义气之举，时人引为美谈。后来李邕落难时，也就是"鬻文获金"不足填补结友开销，犯了挪用公款罪，面临杀头危险，这时孔璋奋起营救，上奏皇上，称李邕"斯人所能者，拯孤恤穷，救乏赈惠，积而便散，家无私聚"，皇上受奏折打动，考虑到李邕素来的义举，免其死罪。

另一则见于计有功《唐诗纪事》，说开元天宝年间，有中书侍郎徐安贞善作隶书，因为参与弹劾李林甫而获罪，逃隐于衡岳。时有寺庙修建佛殿，徐安贞为书题梁。李邕经过寺殿看到这幅题书，也见到徐安贞，李邕不仅不躲避并且和徐安贞同舟而回。也正是因为这一举动，李邕后来被李林甫、张说等拿来说事，说他隐藏朝廷要犯，将其打入死牢。

李邕好结朋友是有名的，既有文官仕人的朋友，也有诗赋骚客。李邕和杜甫、李白等诗人的结交也说明了这一点。杜甫、李白在当时很年轻，李邕时常和他们把酒论道，就是看中这两个人的才华，也有提携之意。

爱憎分明，清高自傲

李邕为人直率，性硬刚直，对人从不奉承，喜怒分明。这方面李邕和唐代诗人崔颢也有故事。

崔颢是汴州（今河南开封）人，最为人称道的是《黄鹤楼》。《旧唐书》把崔颢和王昌龄、高适、孟浩然并提。但早期崔颢的诗并不被人看重。《河岳英灵集》卷中称：颢年少为诗，名陷轻薄，晚节忽变常体，风骨凛然。但据说崔颢品行不太好，李邕很不待见他。有一次李邕和崔颢碰面，崔颢写了一首诗送给李邕，首章曰"十五嫁王昌，盈盈入画堂"。李邕看到此句就说"小子无礼"，拂袖而去。这句诗为何引起李邕的不满呢？王昌原本是六朝至初唐诗人笔下女性爱慕的男子形象，用今天的话说是男神，崔颢径直让其"结婚"，李邕对崔颢增饰古典、出语轻佻的行为很是不满，同时，崔颢这首诗是典型的六朝乐府诗句，李邕从小受经典熏陶，喜欢意情高雅、豪迈刚毅的诗。崔颢写了这样一首"艳诗"送李邕显然送错了对象。唐代是一个以诗赋取士的时代，文人以吟诗诵歌为生活重要内容，年轻时的崔颢嗜酒好色，喜新厌旧，不合传统，本来就名声不好，《旧唐书》就说过崔颢"娶妻择有貌者，稍不惬意，即去之，前后数四"，意思是崔颢爱美妾，稍不中意便将其休弃。这种德行的人总会流露出猥琐轻艳之态，崔颢的举动过于浮浅，有的诗显得十分轻慢，因此李邕见之马上怒从心头起，叱责"小子无礼"拂袖而去也是情理之中，这也符合其爱憎分明的性格特点。当然后来崔颢写出了千古名诗《黄鹤楼》，连李白看后都叹为观止，说"眼前有景道不得，崔颢题诗在上头"。

受利敛财，假公济私

李邕是一个复杂的人，一方面有正义感，也有勇气；另一方面又有张狂的性格，而且还有点贪财谋利。李邕的人品受人诟病主要是他以书碑敛财。唐时流行一种社会风气，人死后后人为其立碑时，要邀请当时的文人撰文书写碑文，为逝者歌功颂德。撰写碑文者，名气越大所获得的润笔就越高。唐代的散文大家韩愈"公鼎侯碑，志隧表阡，一字之价，辇金如山"。在当时，靠写碑文收入最丰者公认是李邕。唐朝官员帮人写字作碑是可以收费的，不少文人通过创作得到大量钱财，这不同于现在的稿费版税，而是受益人的谢礼馈赠。有资料记载，唐朝有几位"富豪作家"，名列初唐四杰之首的王勃，文章优美、勤于代笔，家里是"金帛盈积"。还有韩愈、颜真卿、柳公权、欧阳询、白居易等均得过不菲的润笔费。李邕能文善诗，精于书法，擅长行楷书，当时很多人、寺观向他求书刻碑，常以金银财帛作酬谢。史载全国各地求李邕撰文书写碑颂者络绎不绝，他一生为人写过八百多篇碑文，得到的润笔费十分可观。赞扬者说他乐于助人，指责者认为他身为朝廷命官，却整天在为人刻碑收费，确有敛财之嫌。

前已述及，李邕收取这么多钱财也不全用来挥霍，他喜欢结交朋友，尤其是有才华的人，特别是遇到有才华的落魄的年轻人，他总是慷慨解囊，所以他走到哪里都有一大批追随者。正因为李邕广交朋友，乐善好施，花费颇大，虽然有刻碑撰文的收入，但有时也入不敷出，捉襟见肘，正因如此，有资料称李邕曾经有挪用公款的行为。

古代对官员清廉之标尺虽与今有异，但对贪污行为始终是严厉打击的。在先秦时业已规定"己恶而掠美为昏，贪以败官为墨，杀人不忌为贼"。到了唐代，官府对贪污犯罪有专门规定，贪污过多可处绞刑。李邕最终也是因此污点导致人生悲剧——涉贪，串通谋反被人杖杀。

工于心计，胆大妄为

李邕是奇人奇相，少年就聪慧过人，年长为官时深谋远虑，人称奇相怪才，经常做出一些常人不曾想更不曾做的事来，有的甚至到了无以复加的程度。据有关史料称，李邕相貌奇伟，他的头发是暗红色的，眉毛像是两条叉开的扫把，眼睛一大一小，小的一只和半边脸紧紧皱在一起，皮肤又糙又黑还带着疤痕，很凶的样子，别人看起来很不舒服，每次走在路上，人家都躲着他，有懂面相的人说这种长相实在罕见，和传说中的唐朝开国时期卫国公李靖的好友虬髯客非常像，将来一定会干出惊天动地的大事。

唐朝人牛肃写了一本笔记性作品《纪闻》，书中说了一件秘闻，讲的是李邕跟日本遣唐使团有关的故事。《纪闻》是唐代第一部小说集，共十卷，此书所载皆开元至乾元间民间发生的怪异事。《纪闻》原书已佚，今天所见《纪闻》系后人从《太平广记》辑录一百零一则而成书的，这里面就讲述了李邕与日本遣唐使团的故事。

这个故事说李邕在海州做官时发生的一件事。海州即现在的江苏连云港，当时有日本国使团到达海州。使团乘坐十艘船只，载有一批珍贵货物，在海州入港。李邕按外交礼节会见了使团，将他们安顿在舒适的旅舍里，给予丰盛美餐、周到招待，日本使团受到这等招待，甚是高兴。李邕以安全为由禁止他们走出旅舍。过了一夜日本使团的船不见了。

第二天，李邕让旅舍中人传出话来，昨夜有特大潮水，日本国的船只全部被海浪冲走，不知漂到何方。李邕装作大吃一惊，安慰一番，考虑到这是件大事，李邕装模作样地把此事上奏朝廷。朝廷只好认作天灾所致，命令李邕速造十艘船，选派船工把日本使团送回日本。李邕造好了船，安排妥了船工，送日本使团回国，但这批日本使团的人并未回到日本，而在途中遇难。民间有传说这是李邕安排人做了手脚。

到底此事是否可信呢？《纪闻》属于小说，小说家言，街谈巷议，是坊间传闻，姑妄言之，姑妄听之，图个热闹。也有人认为《纪闻》一书记载之事不少是荒诞不经的神话故事，但是有关当时人物、事件的记载，多多少少是有点真实成分的。如没有一点风声，为何《纪闻》会去写李邕，而不是其他官员？终究是无风不起浪，如果没有足够的线索，也不至于完全平白无故地捏造。

第七章　多舛命运

李邕书法、文章成就很大，是历史文化名家，但命运坎坷，起伏跌宕，堪称人生悲剧。

李邕诗文和书法出众，提升了他在政治上的权威。有人说过，在当时，李邕的文学水平能和司马相如一战，行政用"权"之能，又可和张说并居，有宰相之才。不仅如此，李邕刚烈，不畏强权的性格，在一定程度上能够帮助朝廷削减大臣的势力，防止出现一家独大的场景，用敢想敢说的李邕可以起到一定的制衡作用，也正因为这些特殊性，导致李邕一生虽是朝廷重臣，但又经常外放地方为政，命运多舛，屡遭贬谪。

他身为朝廷谏官，却没有官宦的圆滑，而是性情刚烈，性格直放，特别是不惧权贵，仗义执言，曾参与弹劾武则天的宠臣张宗昌、张易之兄弟；中宗时期，他又阻止皇帝任命江湖术士郑普思为秘书监。在《谏郑普思以方技得幸疏》中，李邕听说郑普思善方技而得宠幸升为秘书监，对此极力劝谏："陛下亲自主政还不久，再加宫廷之森严，故而听不见世人的议论，如今大家都说普思凭着诡诈妖惑，乱说凶吉，陛下不了解实情，竟让他供职朝廷。孔子说：《诗》三百篇，其中心意旨一句话可以概括，就是没有邪思。陛下如认为普思确实有长生之术，则爽鸠氏会因之永有天下，帝位非陛下可得了。他能请来好神仙，那秦、汉会因之永有天下，陛下今日也不会是天子了。他会佛法吗？那么梁武帝会因之永有天下，陛下也无法得到帝位。他能行鬼道吗，那么墨翟、干宝就会各献其主，也没有今天的陛下了。自古尧舜被尊为圣者，臣看他们所作所为，皆在人事。他们使九族亲密和谐，使百官因功受勋，没听说以鬼神之道治理天下的，恭请陛下审察。"

李邕就是这样一个性格与书风都特立独行的人。他的书法讲究"法度"，遵循传统，承继王书，又极力创变，但做人做官却不符合所谓官场"法度"，经常求变，不符合常人思维，经常得罪人，"木秀于林，风必摧之"，李邕在官场上特立独行，越走越"远"，因而有了人生的四次贬谪。

四次遭贬

李邕第一次遭贬在唐中宗神龙二年（706）。公元705年，唐室重臣宰相张柬之、同平章事崔玄晖、司刑少卿桓彦范、相王府司马袁恕己、中台右丞敬晖等，设计诛杀张易之、张昌宗，逼武则天退位，拥太子李显复位称帝，是为中宗，改元为神龙元年，这就是唐朝有名的恢复李姓唐室的事件。当时李邕三十来岁，为朝廷谏官，提出弹劾张氏结党，表明了忠于李氏唐朝的忠心，在李显复位后，李邕本应受到重用，但朝政由皇后韦氏把持，且李显对复位功臣不容，李邕因与张柬之友善，先被调任南和令，不久又被贬为富州（治所在广西昭平）司户参军事。

李邕第二次遭贬是在唐睿宗景云二年（711）。相王李旦之子李隆基与太平公主合谋，于景云元年（710）年起兵，诛杀了阴谋成为第二个"武曌"的唐中宗皇后韦氏及其党羽，相王登基，是为唐睿宗。那年二月，词人王翰在京师张榜审定海内文士百余人，李邕和张说被列为第一。是时李隆基尚在东宫，李邕与同僚崔隐甫、倪若水同获礼遇，遭到岑羲等人的嫉恨。当时李邕被召回朝廷任殿中侍御史。同年八月，谯王李重福在洛阳谋反，洛阳长史崔日知起兵讨伐。李邕时任留台侍御史，因动员屯营军协助平叛有功，拜朝散大夫，除户部郎中。岑羲、崔湜恐李邕日后受李隆基重用，借故将其贬到崖州舍城（今海南琼山）做一个九品县丞，这在海口五公祠史料上有记载。《旧唐书》记载：唐隆元年，玄宗清内难，召拜左台殿中侍御史，改户部员外郎，又贬崖州舍城丞。开元三年，擢为户部郎中。

李邕第三次遭贬是在唐玄宗开元四年。唐玄宗登基后，李邕又被起用。先从崖州调到江州（今江西九江）别驾，42岁时李邕以"探学精奥，为文沉郁，謇谔之心，动必无挠，弥纶之用，行则有恒，故以高才逸群，懿声满听，宜膺版图之任，允光兰握之选"为由，召回朝廷为朝散大夫、户部郎中。这时，黄门侍郎张廷珪和被重用的太常卿姜皎想援引李邕为御史中丞。不过这次不仅没有成功，反而使他再遭厄运。当时宰相姚崇认为李邕为人"毛躁"，性格太直处事任性而不顾后果，未重用李邕。同年六月唐睿宗驾崩，宰相姚崇借故将李邕贬为括州（治所在今浙江丽水）司马。后来李邕才逐步被起用为渝州（治所在今重庆）、海州（治所在今江苏连云港）、陈州（治所在今河南淮阳）刺史。

李邕在括州后为何又到了渝州呢？原来是开元六年（718），右相宋璟奏："括州员外司马李邕、仪州司马郑勉，并有才略文词，但性多异端，好是非改变；若全引进，则咎悔必至，若长弃捐，则才用可惜，请除渝、硖二州刺史。"从这一奏疏看，宋璟认为：括州员外司马李邕和仪州司马郑勉均有才能和谋略，又擅长文章，但两人思想中多异端邪念，好改变公认的是非准则，假如完全提拔重用，则必定招来祸害，若是将他们长期弃置不用，则才干被埋没又很可惜，因此奏请任命李邕为渝州刺史，郑勉为硖州刺史。唐玄宗批准了这个奏请，李邕就从括州司马提为渝州刺史。

李邕就是在渝州和李白有过一段交集。李白虽很有才能，但年轻气盛，李白当时满怀自负地去见在渝州任职的李邕，但李邕不待见他，和李白聊了几句，话不投机，就把他交给属下宇文少府接待，似有怠慢之意，自己忙别的去了。宇文少府对李白的才华十分欣赏，格外热情地招待了他，两人聊得很热乎，临别时宇文少府还赠给李白一个精致的桃竹书筒。李白后写下《酬宇文少府见赠桃竹书筒》一诗，诗云："桃竹书筒绮绣文，良工巧妙称绝群。灵心圆映三江月，彩质叠成五色云。中藏宝诀峨眉去，千里提携长忆君。"这首诗表达了李白和宇文少府的感情。说桃竹镂空做成书筒，书筒上镌刻精美的文字，堪称天工绝伦，精美巧妙，圆圆的筒心如三江明月，彩色质地如五彩云霞。书筒里可以放上炼仙宝诀，去峨眉山的话携带很方便，见物思人，一路想念你！李白的这首诗是受到李邕的慢待而特别感激宇文少府的，字里行间可见答谢之情。

　　李邕第四次遭贬是开元十三年（725）。唐玄宗泰山封禅路过汴州（今河南开封）时李邕谒见，玄宗对其所献诗赋极为赞赏，致朝中一些人不安——恐他被玄宗重用。而李邕自称宏才大略，怀才不遇，时常恃才傲物。此时恰逢与他有隙的御史大夫薛自勤等诬告他在陈州贪赃枉法，正好被颇有文名而素来被李邕轻视的中书令张说抓住机会将他下狱，并判处死刑。正是这个张说，在唐睿宗景云二年（711）词人王翰在京师张榜审定海内文士百余人时，与李邕同列第一。张说当了宰相，而李邕却官位不高，李邕自诩有宰相之才，未受重用，言语伤及张说，自然得罪了权臣。幸好有一民间义人孔璋上书相救，以死相求，居然说动了朝廷而使李邕从轻发落，被贬为钦州遵化（今广西灵山西南）县尉。而那个李邕不曾认识的义士孔璋舍生取义，以死相救，后被流放到岭南而死，这也可以看出当时李邕在民间还是有一定名望的。

　　天宝元年（742）李邕升任北海太守，北海即现在的山东青州一带，在汉时设置北海郡。正是在北海太守任上，李邕遭人陷害致死。

贬出有因

　　李邕的悲剧一生与其性格偏傲，豪放不羁，甚至放话伤人不合封建中庸文化之道有关。特别是李邕在处理徐安贞问题上招致李林甫、张说等人忌恨，欲除之而后快。徐安贞是唐代饱学之才，诗赋文章俱佳，有诗作传世，当时是中书侍郎。徐安贞也是一个恃才傲物之人，他要弹劾李林甫而得罪了当权派，被李林甫追杀，李邕非常同情徐安贞，当徐逃匿衡岳时，李邕将其藏入家中，这就得罪了李林甫、张说等，被人抓住窝藏谋反人士的把柄，招致杀身之祸。

　　对于李邕的命运，其妻温氏说过一段话很能说明问题所在。温氏曾为李邕请求戍边自赎，呈文中说：李邕幼时就学习文章，疾恶如仇，不被众人所容。邪佞恨他，儒者也侧目而视。多次离开朝廷，贬谪远郡，几达十年。岁节都感叹恋念，听来令人伤怀。正逢国家祭于泰山。在法驾回归时，李邕献牛酒，蒙受帝恩。我听说聘用正人则佞人忧虑。李邕的遭祸就源于此。李邕接连任外官，无人诋毁，偶顺天意回朝，罪过旋踵而生，正如谚语所说"士人无论贤或不肖，入朝即遭人忌恨"。愿陛下能明察。李邕开始受审讯，即被拘于狱中，有五天连水都不得入口，以致气息奄奄，只得听命于狱吏。事情都是狱吏口授，逼迫李邕书写。贷蚕种给人被说成枉法，购罗贡奉被诬为奸赃。呈上奏书只能投入甀中，戍边守捉严密，即使呼天抢地，有谁能听。泣血离国，投骨荒野，将永无归期。我愿让李邕当一名士兵，效力王事，即使战死沙场，亦是李邕的夙志。

　　李邕的死既有内因，也有外因，是内外因共同造成的结果。

　　从外因来看，玄宗登基，前期尚能励精图治，实行新政，重用贤能，社会发展呈现繁荣景象，出现"开元盛世"。但是到了后期，唐玄宗逐步满足于现状，贪图享受，偏听偏信，重用李林甫等奸臣，各方矛盾日益激化。唐天宝年间，李林甫独揽朝政，秉承唐明皇的旨意压制东宫，造成奸臣当道，而李邕因为牵涉东宫的杜有邻案而被杖杀，是政治牺牲品。

从内因看，李邕性格刚硬，为人耿直，傲物恃才，藐视当朝权贵，先后得罪权臣张说和李林甫，两次被置于死地。第一次因孔璋的奏疏侥幸逃脱。之后仍未吸取教训，不思收敛，又因小节不修，有挪用公款之弊，特别涉及谋反之事，被政敌抓住把柄，打入牢狱，最终被害。

这里要补充详说一下李邕第一次"死里逃生"之因，民间义士孔璋是如何救下李邕的？公元725年，唐玄宗泰山封禅回归长安路过汴州，李邕特地从陈州赶过去拜见，呈上诗作，盛赞皇上。这次见面，玄宗对李邕的才华大加赞赏，李邕听后有点飘飘然，骄傲地表示自己的才华可以当"相位"，这句话大大伤害了时任宰相张说。之后，李邕发生了挪用公款之事，他为了支付信友交游的巨大开支偷挪公款，这两件事情被时任中书令张说知道后，把李邕下狱问讯，定罪当死，等待执行。幸运的是，有个义士叫孔璋的上书玄宗要求赦免李邕。使李邕免于死罪的许昌人孔璋上书天子的奏书是这样写的：开明之主举用能人而不计其过错，取其才能而不问其行为。烈士坚持节操，勇士不避危难。所以晋用林父不计他的过错，汉任陈平不究他以前的行为。禽息宁愿一死，北郭自甘断头。过去如果林父被杀，陈平处死，不用百里奚，放逐晏婴，那么晋就不会拥有赤狄的国土，汉也不会有天子之尊，秦国不会强盛，齐也成不了朝业。臣下见陈州刺史李邕，刚毅忠烈，临难不以不正当手段求得免祸。过去曾斥败二张，挫折韦党，虽屈遭贬谪，但奸人之阴谋未能得逞。这是李邕有功于国。且李邕所做的，是周济抚恤孤苦贫疾者，家中并无私产。今听说因受贿罪入狱，死在旦夕。我听说活着无益于国的人，不如一死以表彰贤能。我愿以六尺之躯血染斧钺以代邕死。我与李邕生平并无往来，我知李邕而李邕并不认识我，我比不上李邕。人能识贤而举荐，是仁；能担当他人的患难，是义。做了这两件好事后我再无企求。恳请陛下饶恕李邕，使其能改过自新。能建立林父、曲逆之功，臣得以瞑目；能追随禽息、北郭的心迹，我的大愿满足了。倘若陛下认为时当春日不可用刑，则我请伏剑自刎，不敢麻烦有司。皇天后土可以为证。过去吴楚极乱，汉得剧孟，贼寇不足为忧，一个贤人就能敌七国之众。切望能敷设戴罪立功之路，有不计瑕疵之义，远想剧孟，近赦李邕。况且封泰山大礼之后，天地更新，赦而免论。人谁无过，唯明智之主能谋划恰当。我听说士为知己者死。我不被为之而死的人所知而甘于死的原因，并不是特别爱拥李邕的贤能，而是为了成就陛下爱惜才能的德行。

这篇奏书堪称千古美文，情真意切，动人肺腑，玄宗被此奏文打动，特批李邕免于死罪，李邕这才死里逃生，贬为遵化（今广西灵山西南）县尉，孔璋也遭流放岭南。后来李邕岭南助内侍杨思勖诛贼有功，迁澧州司马。

如果李邕第一次能"死里逃生"，那么第二次因政治原因就无法回转了。事情的缘由是这样的。在长安京师的右骁卫兵曹柳勣与他的岳父杜有邻不睦，柳勣污蔑杜有邻妄称有占验之能，勾结东宫，指责皇帝。对这种饭后谈资，李林甫却大做文章，命令严查，查出柳勣是祸首，将柳勣连同他的岳父杜有邻一同杖死。在审查中李林甫等人查出李邕曾送给柳勣一匹马，李邕因以"厚相赂遗"受到牵连，而李邕与淄川太守裴敦复有私交，因裴敦复曾荐李邕任北海太守，裴敦复亦遭株连。李林甫以牵涉"犯上"之罪将李邕、裴敦复"就郡杖杀"。其时李邕已七十三岁高龄。

李邕数次遭贬，命运坎坷，其书法文赋的成就也受到当朝不公正的评价，只是到了后来才得到一定认可，但在中国书法史上仍然没有得到应有的地位，这不能不说是一个遗憾。

李邕屡次遭贬，在历史上极为少见，只有另一大书法家苏轼（1037—1101）与其相似。北宋苏轼是著名书画家、散文家、诗人、词人，是豪放派词人的代表。苏轼因其诗词内容经常遭人曲解，被人攻击为影射朝廷，多次被朝廷降职罢官，命运也是坎坷曲折，一生五次遭贬（也有说四次的）。第一次是与王安石推行新法政见不同，苏轼自请外任，辞掉京官；第二次是罹"乌台诗案"，苏轼因诗词内容被人强告为"犯上"，坐牢出狱后被贬为黄州团练副使。他在遭贬时在黄州（今湖北黄冈）写的《黄州寒食帖》被书评家赞为天下第三行书。在哲宗即位后，新党势力倒台，司马光重新被起用为相，苏轼被召还朝为礼部郎中，后升翰林学士知制诰。这时苏轼又看不惯旧党势力，认为这些人与王安石集团是一丘之貉，再次向皇帝提出谏议。此时苏轼既不容于新党，又不能见谅于旧党，因而再度自求外调，到杭州当太守，这是第三次遭贬。在杭州苏轼不仅留下许多诗词名篇，还留下千古水利工程，即著名的"苏堤"。元祐六年（1091）他又被召回朝做官，但性格所致，不久又因为政见不合，外放颍州。这是第四次遭贬；元祐八年（1093）新党再度执政，将他"秋后算账"，苏轼再次被贬，这样算来，是第五次遭贬。虽然有学者说第一次苏轼上书指出新法的弊病得罪王安石，他自请外放，不属于被贬，但总体上看苏轼长时期是被排挤的。这种境遇与李邕的曲折有过之而无不及，在历史上这两位既是大书法家、文章诗词高手，又是在官场上敢于直言的官吏，其相似之处的确极为鲜见。

李邕一生宦海沉浮，在朝廷为官十分不顺，经常得罪人，多次遭贬到地方为官。李邕在地方为官竟达 34 年之久。但李邕一生却始终保持疾恶如仇的秉性，他弹劾张昌宗之党，净谏中宗之失，斥骂郑普思之邪，劲责武三思之罪，驳斥韦巨源之谥，辩议姚崇之冤，在武后、中宗、玄宗面前都敢于犯颜直谏，义正辞严，置生死而不顾，使当时"奸佞切齿，诸儒侧目"。

高朋惜之

　　前面讲到诗仙李白在年轻时受到李邕慢待，但后来李白和李邕熟悉起来，李白对李邕的才学还是敬佩的，有李白的另一首诗为证。李白在《答王十二寒夜独酌有怀》中写道："昨夜吴中雪，子猷佳兴发。万里浮云卷碧山，青天中道流孤月……君不见李北海，英风豪气今何在！君不见裴尚书，土坟三尺蒿棘居！少年早欲五湖去，见此弥将钟鼎疏。"王十二，是李白的朋友，他有一首《寒夜独酌有怀》的诗赠李白。李白这首诗是答诗，大约写于唐玄宗天宝八年（749）。李白写这首诗的时候，李邕已经被李林甫陷害、杖毙。诗中对于沿着邪径而晋身，庸才得志，坏人当道，贤才遭嫉害的黑暗政治现实极为不满，以诗抒情，表达对现实社会的猛烈批评。当时李白自己也被朝廷逐出长安。治国安民的宏伟抱负不能实现，李白也有反权贵、轻王侯、傲岸不屈的反抗精神，诗中控诉政治的黑暗，怀念李邕、裴敦复那样正直的人惨死在奸人手中，足见李白对李邕是惺惺相惜的。

　　这里可以还原历史的一幅画卷。李邕死后，李白非常怀念他。李白称赞李邕是英风豪气，感叹当朝缺乏李邕这样铮铮铁骨的人，李白写这首诗时，李邕许多感人往事都历历在李白眼前，李邕光明磊落、嫉恶如仇的英雄气概使李白怀念起这一故人，发出"君不见李北海，英风豪气今何在"的感叹。

　　李邕和杜甫是忘年之交，两人也是英雄惜英雄，对于李邕的死，杜甫悲痛欲绝，以"坡陀青州血，芜没汶阳瘗"的诗句来缅怀李邕。

　　李邕被杖毙时，世道纷乱，李邕遗孤流散，无人收尸，未及归葬。后来代宗年间，工部尚书卢正己为李邕上诉讼理，李邕获昭雪，被追赠为秘书监。大历三年（768）尚书右丞韦元甫为扬州大都督府长史，遇见李邕侄子，听说李北海尸骨仍遗留在郓东而无力迁葬，便借钱 20 万以及祭灵物品，命其处理迁葬之事。李邕尸骨终于在当年冬重葬洛阳北原，其妻温氏亦同安于祖坟。族子、著作郎李昂为之撰写墓志铭曰：物恶独胜，高不必全，其道匪直，曷哉乾元，天吏佚德，昆山是焚。公死青州，其谁不冤。哀殡中路，遭时未坟。今也迁卜，长归九原。

第八章　李邕后评

　　李邕作为唐代的大书法家，在世时不受重用，书法也不及唐代另几位书家的影响大。但宋以后地位逐步显露，其文章、书翰、性格等各方面特点突出，自然免不了引发诸多讨论。特别是他对中国书法发展的贡献，受后人景仰，好评多多。当然也有褒贬参差的情况。目前能见到的最早品评李邕书法的是唐吕总的《续书评》。其评用了八个字，谓李邕真行书为"华岳三峰，黄河一曲"。华岳三峰是指华山的三个主峰落雁峰、朝阳峰、莲花峰，表明李邕的真行书是书中高峰；黄河有九曲，即黄河流过几个省区，李邕书法是其中一曲。也有解释说此处的黄河一曲是指黄河的第一曲即上游源头。

书法·书家之评

　　前已述及，评价李邕书法之成就最突出的是将其与王羲之相提并论，即"龙象"之评。"龙""象"是比喻，形容力量非常大，水行中龙力大，陆行中象力大。"右军如龙，北海如象"强调的是王羲之和李邕书法的地位之高，影响之大，也赞其笔力雄健遒劲，超越其他书家。但在中国传统文化当中，龙是中国特色，象是佛教之称。龙和象都很高大，但也并非同一层次，龙比象高贵，龙比象更全面，右军如龙而非象，北海如象而非龙，潜台词仍然是推崇右军的全面，右军的崇高地位。但是话又要说回来，能够与王羲之放在一起评说，可以和书圣比肩的书法家已是凤毛麟角，这也足以说明李邕在中国书法中的地位了。

前面提到，在唐代时期，因李邕性格耿直，得罪当朝权贵被杖毙等因素所致，评价李邕诗书的并不多，窦臮、窦蒙两兄弟是唐代书评家，窦臮正文，窦蒙作注的《述书赋注》中说，唐代"论诗则曰王维、崔颢；论笔则王缙、李邕；祖咏、张说不得预焉。"意思是说论唐代书法水平要数宰相王缙和书法家李邕了。

到了宋代特别是在书坛巨子苏轼的倡导和引领下，宋代出现了"尚意之风"，李邕之名借着"尚意之风"开始发光。评价李邕书法的人逐渐增多，最高者莫过于《宣和书谱》的评价。

"邕初学，变右军行法，顿挫起伏，既得其妙，复乃摆脱旧习，笔力一新。李阳冰谓之'书中仙手'，裴休见其碑云'观北海书，想见其风采'。大抵人之才术多不兼称；王羲之以书掩其文，李淳风以术映其学。文章书翰俱重于时，惟邕得之。当时奉金帛而求邕书，前后所受巨万余，自古未有如此之盛者也。观邕之墨迹，其源流实出于羲之。议者以谓骨气洞达，奕奕如有神力。斯亦名不浮于实也。杜甫作歌以美之曰'声华当健笔，洒落富清制'。为世之所仰慕，率皆如是。"

从《宣和书谱》之评我们可以得出如下重要结论：李邕学王书变王法，摆脱旧习，笔力一新；李邕文章书翰皆优且当时只有李邕一人；李邕在当时名声大，奉金求书刻碑者甚多，得到的报酬也巨大，前无古人；李邕书法取法羲之，但取法魏碑更有骨力也更有神采。

宋代欧阳修写了一本有关书法感悟的书——《试笔》，书中提到李邕的书法，他说初看李邕的书法并不怎么样，但越看越耐看，并不断有所感悟！欧阳修是宋代大文豪，他在《试笔》中是这样写的：

"余始得李邕书，不甚好之。然疑邕以书自名，必有深趣。及看之久，遂谓他书少及者，得之最晚，好之尤笃。譬犹结交，其始也难，则其合也必久。余虽因邕书得笔法，然为字绝不相类，岂得其意而忘其形

《试笔》书影

者邪？"

言辞中毫不吝惜对李邕书法的赞赏。成语"得意忘形"最早出自《晋书·阮籍传》："嗜酒能啸，善弹琴。当其得意，忽忘形骸。"但引入书法就出于此。得意忘形的成语意思是因心意得到满足而高兴得失去常态，今人当作贬义词。古人用于褒义则可谓源于宋代欧阳修对李邕书法作品的赞美。他觉得李邕书法很耐看，反复揣摩其中意趣，"得其意而忘其形"。

北宋书法理论家朱长文在《续书断》中说："邕书如宽大长者，逶迤自肆，而终归于法度，能品之优者也。"

宋四家中米、黄二人对李邕书法的评点也值得分析。米芾《海岳名言》称："李邕脱子敬体，乏纤浓。"所谓乏纤浓，就是说结体不够妍美。米芾在《书史》中称："李邕如乍富小民，举动屈强，礼节生疏。"米芾说李邕的书法行笔比较生硬，似乎对李邕的书法并不称赞，但事实也不完全如此，米芾素来自负，对书法大家多有批评，这里虽然列出米芾对李邕书法的差评，但实际上史载李邕对米芾的书法有重要影响，米芾后来也重视李邕书法，这在后述。

黄庭坚《山谷集》评论过李邕的《麓山寺碑》："字势豪逸，真复奇崛，所恨功巧太深耳，少令巧拙相半，使子敬复生，不过如此。"

元代郑杓、刘有定《衍极并注》云：初，行草文书，自魏晋以来，惟用简札，至铭刻必正书之。故钟繇正书谓之铭石，虞、褚诸公，守而勿失。至邕始变右军行法，劲拙起伏，自矜其能，铭悉以行狎书之，而后世多效尤矣。

明代董其昌则极为推崇李邕，认为李邕大有压倒群雄之势，提出了前述的"右军如龙，北海如象"，把李邕和王羲之并列。

明代徐渭在《书李北海帖》中说："李北海此帖，遇难布处，字字侵让，互用位置之法，独高于人。"

明王世贞评述"李北海书翩翩自肆，乍见不使人敬，而久乃爱之，如蒋子文佻达好洒丹青，竟为神也"。

明项穆《书法雅言》云："李邕初师逸少，摆脱旧习，笔力更新，下手挺耸，终失窘迫。律以大成，殊越觳觫。此行真之初变也。"并说"逸少一出，会通古今。李邕得其豪挺之气，而失之竦窘"。

清代鲁一贞、张廷相所著书法论著《玉燕楼书法》中评价道："李北海豪气挺拔，特少韵耳。"

清代梁巘在其书法论丛《承晋斋积闻录》中认为，北海书法逸气生动，通身贯注，且有英雄盖世之概。

清代冯班在《钝吟书要》中说：董宗伯云王右军如龙，李北海如象，不如云王右军如凤，李北海如俊鹰。

清代胡德旋在《初月楼论书随笔》说：学赵松雪不得真迹，断无从下手。即有真迹临摹，亦先植根柢。昔之学赵者无过祝希哲、文徵仲，希哲根柢在河南、北海二家，徵仲根柢在欧阳渤海。

清代朱履贞在《书学捷要》中说，李北海正书笔画遒丽，字形多宽阔不平；其行书横画不平，斯盖英迈超妙，不拘形体耳。

清代包世臣《艺舟双楫·历下笔谭》谓"北海如熊，肥而更捷"。

清代汪容甫对李邕书法评价颇高，他在《云麾碑》跋尾云：北海书法出于大令，变本加厉。益为劲险。其于用笔之法可谓发泄无余。米元章、赵子昂、董元宰各以书雄一代，其实皆从此碑得法，故是碑实法书之津逮也。

清代刘熙载赞扬李邕书法的刚健时说："李北海书气体高异，所难犹在一点一画皆如抛砖落地，使人不敢以虚骄之意拟之。李北海书以拗峭胜，而落落不涉作为。昧其解者，有意低昂，走入佻巧一路，此北海所谓'似我者俗，学我者死'也。李北海、徐季海书多得异势，然所恃全在笔力。"

对李邕书法的评价，也要一分为二，历史上书评家并不是一边倒的好评。这里要集中说说其中有许多差评及其原因。李邕在世时，唐人对他的评价不高也不多。唐人《书断》是书评的经典，它将李邕的书法视为"品"外。后世不少书评家对李邕书法也有差评。如米芾评李书"如乍富小民"，屈强生疏。清人杨宾在其《大瓢偶笔·论李邕书》中说，"李泰和书，如《云麾将军李思训碑》《岳麓寺》，皆极轻佻欹侧，殊不可耐"。"泰和书多运指，故非轻佻则倔强；倔强已非，而轻佻则大谬矣。是时初变笔法，耳目一新，无知之人，翕然好之。宋元以后遂为书家之宗。不知右军笔法至泰和而大变，所得者形模耳，学者不可不知也。"

李邕的书法在文学界是很有好评的。因李邕是文章大家，与文学界、诗词名家关系都很好，因此对李邕书法的评论除了书家外还见诸于诗词大家的诗篇中。

与诗词大家的交集

杜甫、李白、高适等唐代著名诗人都在诗词中谈论过他们与李邕的故事。今天，李邕的名气远不如杜甫、李白这两个诗词大家，也不及高适。但是在唐天宝、开元年间的文坛上，李邕却是年岁高，出道早，文名满天下，名气比杜甫、李白、高适大得多。如《旧唐书》中记载，李邕"虽贬职在外，中朝衣冠及天下寺观，多赍持金帛，往求其文。前后所制，凡数百首，受纳馈遗，亦至巨万。时议以为自古鬻文获财，未有如邕者"。

杜甫和李邕是同时代人，但李邕长杜甫30多岁，杜甫有诗圣之称，对李邕却十分尊重，李邕对杜甫也是惜才有加。开元二十九年（741）李邕在洛阳主动向杜甫"求识面"，使杜甫倍感荣幸和意外，并在《奉赠韦左丞丈二十二韵》和《八哀诗·赠秘书监江夏李公邕》两次述及此事，引以为荣之情充溢于字里行间。有诗为证："纨绔不饿死，儒冠多误身。丈人试静听，贱子请具陈。甫昔少年日，早充观国宾。读书破万卷，下笔如有神。赋料扬雄敌，诗看子建亲。李邕求识面，王翰愿卜邻。自谓颇挺出，立登要路津……"《八哀诗》云："伊昔临淄亭，酒酣托末契。重叙东都别，朝阴改轩砌。"

杜甫还写过一首诗《同李太守登历下古城员外新亭·亭对鹊湖》，说的是天宝四年（745）杜甫和李邕同游济南城外的员外新亭，诗云："新亭结构罢，隐见清湖阴。迹籍台观旧，气溟海岳深。圆荷想自昔，遗堞感至今。芳宴此时具，哀丝千古心。主称寿尊客，筵秩宴北林。不阻蓬荜兴，得兼梁甫吟。"此诗描绘了新亭的胜景和宴会的高雅，李员外是李邕的从孙，曾任驾部员外郎，当时出任齐州司马，设宴宴请李太守，杜甫也被邀请在座。齐州很多文人雅士也作陪。就是在这次宴会谋面时，李邕与杜甫把酒长谈，论诗评史，还提到了杜甫祖父杜审言。在宴会上，杜甫当即赋诗《陪李北海宴历下亭》："东藩驻皂盖，北渚凌清荷。海右此亭古，济南名士多。云山已发兴，玉佩仍当歌。修竹不受暑，交流空涌波。蕴真惬所欲，落日将如何！贵贱俱物役，从公难重过。"其中"海右此亭古，济南名士多"就是杜甫在济南历下亭参加宴会时留下的千古名句。当时李邕题了一首《登历下古城员外孙新亭》的诗，但由于李邕的诗名远不及杜甫，所以他这首同时、同题之作很少为人关注和提及。李邕这首诗是："吾宗固神秀，体物写谋长。形制开古迹，曾冰延乐方。太山雄地理，巨壑眇云庄。高兴汩烦促，永怀清典常。含弘知四大，出入见三光。负郭喜粳稻，安时歌吉祥。"杜甫、李邕在历下亭会面畅饮交谈的记载均有诗为证，留下了忘年之交的故事。

李邕放下身段主动求见杜甫，给杜甫以极大鼓舞，而且两人几次交往，谈古论今，话语投机，使杜甫受益匪浅。两人结下深厚友谊。《八哀诗·赠秘书监江夏李公邕》中写道："长啸宇宙间，高才日陵替。古人不可见，前辈复谁继。忆昔李公存，词林有根柢。声华当健笔，洒落富清制。风流散金石，追琢山岳锐。情穷造化理，学贯天人际。干谒走其门，碑版照四裔。名满深望还，森然起凡例……"诗中"长啸宇宙间，高才日陵替"，将李邕放在了很高的地位；"古人不可见，前辈复谁继"，表现了诗人对李邕的推崇和无比的怀念；"情究造化理，学贯天人际"，是对李邕学识的高度赞扬。杜甫对李邕心存感激，虽然有书评家说杜甫主要称赞的是李邕的诗词文章，但"碑版照四裔"显然是赞美其书碑的。能得到诗圣杜甫的赞美，李邕的才华可见非同一般。

而有诗仙之称的李白与李邕也有奇缘故事。李邕年辈早于李白，李白青年时期曾写过一首诗谈论过他与李邕的交集，诗名是《上李邕》，表明李白是晚辈，上诗一首给李邕，该诗是七律。

　　大鹏一日同风起，扶摇直上九万里。

假令风歇时下来，犹能簸却沧溟水。

世人见我恒殊调，闻余大言皆冷笑。

宣父犹能畏后生，丈夫未可轻年少。

此诗字里行间透露出李白踌躇满志，锐气逼人，也暗喻提示李邕不要小看我李白之意，发出我是大鹏定有展翅之日的自信。这里反映着李白、李邕两人的一段交集。前已述及，李邕在开元七年至九年（748—750）前后，曾任渝州刺史。李白到渝州谒见李邕时两人有过一段交谈。当时李白是年轻后生，讲话高调，放言天下，高谈阔论，不拘俗礼，李邕对此颇为矜持，李邕自身也是自负好名，性格相当张扬，并不待见李白，还当面回应李白，挫其锐气，谈话中透露出对李白的不满和忽视，并表现出对李白的高谈并不"感冒"，这使李白颇为不悦。李白想，当时对其轻慢的人并不多，一路都是赞美之声，到了李邕这里却被泼了一盆冷水，因而写了这首《上李邕》的诗，态度颇不客气，回击之意溢于诗行。诗中李白自比大鹏展翅，豪情满志，说长辈们，不要小看我李白的宏图大略，并且还奉劝李邕不要小看人，孔子都讲过后生可畏的话，你李邕难道比孔圣人还高明，长辈千万不要轻视晚辈，李白在诗中之所以显露对李邕的不满，毫无疑问是李邕在与李白的交谈中，视其不以为然，并泼其冷水，李白受到慢待，故作此诗回应。

李白和李邕的交集并没有到此结束。他们是忘年之交，不打不相识。后来两人续起家谱，以祖孙相称，常在一起讨论剑法、诗文和书法。天宝六年（747）李邕被李林甫所害，李白还去吊唁过李邕故宅，因痛失忘年好友，悲情涌起，触景生情，作诗说"空庭无玉树，高殿坐幽人"，描绘故人离去，庭院荒凉，只有殿堂里坐着默默无语的僧人，真叫人无限惆怅。此诗全文如下：

题江夏修静寺

我家北海宅，作寺南江滨。

空庭无玉树，高殿坐幽人。

书带留青草，琴堂幂素尘。

平生种桃李，寂灭不成春。

江夏修静寺是李邕旧宅，全诗语气亲切，缅怀之情显而易见。"平生种桃李，寂灭不成春"，说的是乐于引进后学，爱才惜才，李白就是被爱惜之才，但由于李邕经常得罪朝廷，他的引荐往往不太奏效，所以没成气候。特别是"我家"二字，李白将自己置于李姓宗族，以本家人相称，说明李白和李邕后来的关系已很亲近，李白为李邕所遭受的不平待遇而悲伤，并深切怀念这位忘年之交。

从李邕和李白的忘年之交，可以看出李邕从轻慢李白到两人成为至交，这其中发生了很多鲜为人知的故事。李白的诗中有五首涉及李邕。《上李邕》《东海有勇妇》《答王十二寒夜独酌有怀》《送王屋山人魏万还王屋》和《题江夏修静寺》。《上李邕》写李白受到李邕慢待的不悦和抱负，《东海有勇妇》是五言长诗，赞扬一民间妇女为夫报仇的故事，而使这一勇妇免于死罪的正是李邕飞章急报朝廷，中有"北海李使君，飞章奏天庭"句赞扬李邕见义勇为、伸张正义。《答王十二寒夜独酌有怀》是李白抒发自己的抱负，也是怀念李邕的诗。《送王屋山人魏万还王屋》是讲王屋山人魏万遍游各地，跟随李白足迹入浙，游石门不遇，后返广陵与李白相见，李白作诗具述其游而相赠五言长诗一首。中有"路创李北海，岩开谢康乐"之句提到李邕，说的是李邕在括州（今浙江丽水）为官时曾在此开山修路的故事。

李邕与唐代诗人高适也过从甚密，两人不仅是谈诗论道的好友，而且也是生活中的朋友，高适比李邕小近30岁，与李邕也可称为忘年之交。高适诗集中与李邕唱和的诗作有三首，即《同李太守北池泛舟宴高平郑太守》《同群公十月朝宴李太守宅》《奉酬北海李太守丈人夏日平阴亭》。高适以写边塞诗著名，早在开元二十七年（739）杜甫和高适在山东相遇，两人一见如故，结伴同行。分别后高适到滑台，得到滑州刺史李邕赏识。后来李邕为其寄《鹘赋》相勉。高适作《奉和李泰和鹘赋》和之，并在序中写道："天宝初，有自滑台奉太守李公《鹘赋》垂示。适越在野，才无能为，尚怀知音，遂作《鹘赋》。"可见他对李邕的感激之情，高适颇感怀才有遇，视李邕为知音。当时李邕在文坛有很大影响力，他的"垂示"给高适以极大鼓舞，也提高了高适在文坛的名声，对此，高适对李邕心存感激。

高适作为中国古代边塞诗人代表，其诗雄浑悲壮，粗放率直。从高适写李北海的三首诗中可以看出高适和李邕的关系，其中《同群公十月朝宴李太守宅》写道：

良牧征高赏，褰帷问考槃。

岁时当正月，甲子入初寒。

已听甘棠颂，欣陪旨酒欢。

仍怜门下客，不作布衣看。

高适的《同李太守北池泛舟宴高平郑太守》是李邕带高适等人在大明湖泛舟畅饮，当时在场的还有高平郡的郑太守。高适的诗记下这次聚会。"每挹龚黄事，还陪李郭舟"，李郭舟是高朋雅会所乘之舟。"乃知缝掖贵，今日对诸侯"，表明今日同时与两个太守即李太守、郑太守一起自感无比自豪。

李邕任北海太守期间，其从孙李之芳赴齐州任职，李邕自北海来会，并驰书汶阳，请高适至临淄郡相会，高适写下《奉酬北海李太守丈人夏日平阴亭》。此诗前十四句赞颂李邕的才华、德行与政绩。"寄书汶阳客，回首平阴亭"，表达了诗人阅信而感对方千里相思之心，这些都说明高适与李邕关系很近。

第九章　传承影响

　　李邕这样一个在书法史上卓有成就的书家，为何在后人的印象中却不如另一些书法家那么有名，甚至可以说是鲜为人知？前面讲到中国书法作为文化艺术历史有2000多年，但重要书家也就几十个，人们常论到的有碑帖传承的则更少。比如我们列举历代有名的书家时，总是讲魏晋的"二王"，唐代的欧阳询、虞世南、褚遂良以及薛稷、张旭、颜真卿、柳公权、怀素等，讲到宋代有米芾，元代有赵孟頫，明代有文徵明、祝允明、董其昌，讲到清代有王铎、何绍基等，讲到书法的古法源流，会说到钟繇、陆机、张芝、卫夫人等，而鲜有提到李邕的。这似乎匪夷所思。为什么李邕书法成就高却传世不盛呢？

书风传承

　　中国历史上对后世影响最大的书法家当属王羲之。现在学"二王"书法的仍是主流，被称为"正脉"，书法展览中遍墙都是"王体"书法遗韵。也有人说除学习"二王"书法外，历代学米芾之书而立有成就的书法大师最多，这是否符合事实呢？仔细研究历史，我们发现公开承认专学米芾的书家并不多，如米友仁、吴琚等是学米书的代表。但赵孟頫、董其昌并未公开承认专学米芾。王铎、何绍基取法也要上溯到魏晋、唐时代。取法要乎上，学书要入古，不少书家认为学书要到唐代以前的魏晋——有魏晋古韵，或取晋唐风韵。唐以后的书家曾经公开说，对唐代以后的书家他们均不学取法，只是看看而已。王宠说学书法"不下晋唐"，就是说唐以后的书法，他是不学的。

而历史上许多书法名家是公开承认过学习李邕书法的，但即便如此，中国书法历史上李邕定位不高。李邕是一个性格耿直的书家，特别是不畏权势，得罪了当朝宰相李林甫，受其陷害，遭酷吏杖杀。因李邕是朝廷命犯，唐代的正史就少有提及。特别是张怀瓘、窦臮、窦蒙等唐代大书论家，因惧李案牵连，对李邕的书作多不敢提及。李邕的书法亦评于"品外"，未入唐代著名书评《书断》。试想，一个被朝廷杖杀之人，当朝的书评确是不敢为其美言的，客观公正的评价也是不敢涉及的。甚至为了避嫌不愿提及其名。这种状况到了宋代以后才有所改观，并且越往后对李邕书法的好评就越多。宋以后对李邕书法的评价已抛开政治上的成见，基本是从艺术上予以评价的。宋人朱长文将李邕书法收入《续书断》中，终于相对客观地品其书艺，赞为"宽大长者，逶迤自肆，而终归于法度，能品之优者也"。明代王世贞亦评曰："览其神情流放，天真烂漫，隐隐残楮断墨间，犹足倾倒眉山、吴兴也。"就是说眉山苏轼，吴兴赵孟頫，都赞佩过李邕书法，由此亦可看出李邕书法对苏、赵等书家的影响——苏轼、赵孟頫行书的体貌风格深受李邕行书的影响，这是历史的定论。明代大书法家董其昌更是对李邕评价极高，云："右军如龙，北海如象。"将李邕书法与一代书圣、中国书法的正脉大师王羲之相提并论，达到了评价的最高度。

要阐述李邕对后世书法事业发展的影响，既要从宏观上阐述李邕对中国书法传承发展的作用，对中华优秀传统文化演绎的促进，也要从中观和微观上说明李邕之后历代书法家受其影响的书风演变。

在中国的书法传承中，李邕的地位和作用可以概括为："承王之风，变王之法""文章高手，碑刻旗帜""传创融合，世之楷模"。

"承王之风，变王之法"。李邕生长在推崇王羲之正脉书法的年代，唐时将"王书"立为中国书法的正宗。李邕一生正值盛唐的武后及开元盛世年间，当时正逢《怀仁集王羲之书圣教序》刊行于世。这部《圣教序》文字虽为王羲之所书，但经过怀仁的遴选和组合，表现出来的全然是唐代的审美标准和唐人欣赏的气韵。《圣教序》的碑文是唐太宗撰写，《圣教序》说的是唐代僧人玄奘法师西行取经，历尽千辛万苦，从印度取经回归长安，全国为之轰动，太宗为了表彰玄奘的精神，辟寺让玄奘专事翻译梵经，并为其翻译的《瑜伽师地论》赐序。《圣教序》成文后，为了永垂后世，昭示天下，以碑石流传于世，因唐太宗喜王羲之书法，朝廷请弘福寺沙门怀仁担任集字拼文工作。释怀仁是一名擅长王羲之书法的僧人，还是王羲之的后裔。怀仁历时二十四年精心集字终成这一书法名品，后成为书者必学之范本。《圣教序》于李邕出生前三年面世，成为世之摹本，李邕自小肯定是临摹下了大功夫的，李邕学"王书"是较为成功者，他的水平比之此前不少帝王及书碑高手学"二王"水平均要高。李邕诸多碑刻书法中"二王"书法的古风扑面而来。特别是从《李思训碑》可以看出，李邕学习《圣教序》在用笔和结体都到了亦步亦趋的地步，一些字甚至是《圣教序》的翻版和临版，没有多少创变。正因为李邕在早期碑刻中鲜有创新创造，全取"二王"营养，因此他也被后人视为"二王"书风的忠实传承者。

李邕学"王书"很深，自然有很深的体会，这为其创新书体打下了坚实基础。李邕学书理念非常明确，就是不墨守成规，推崇创新求变。他学"王书"学得到位、深入，是为了变"王书"之法，即"进得去"又"出得来"。在李邕看来，"二王"书风既有丰富深厚的营养，也有发展创新的空间，但后世全盘承袭"二王"之风，不免有同质厌庸之感。李邕在学"二王"之时，敏锐地注意到所谓"二王"书作之"旧习"——虽很俊俏，但略显轻俏，柔弱有余，刚健不足，雅美有余，阳刚不足。他通过博采北碑之长进行创新求变——刚健遒劲直取北碑之优，字势灵动又取"二王"之长。李邕之"变"，变之有"法"，变之有序。李邕求变但变之循规，总的特征保持"二王"书风框架，继承了"二王"书体的精髓。李邕求"变"特别注重结体之"变"。起止有法，收放有节，上松下紧，左低右高，欹侧取势构成了李邕书法的鲜明特色。

"文章高手，碑刻旗帜"。李邕碑书之美在于文化内涵，在于其文章华美。唐代胡璩撰的《谭宾录》记载：邕素负才名，频被贬斥。皆以邕能文养士，贾生、信陵之流。执事忌胜，剥落在外。人间素有声称，后进不识。京洛阡陌聚观，以为古人，或将眉目有异，衣冠望风，寻访门巷。又中使临问，索其新文……

意思大致是：李邕一向负有才名，却屡遭贬斥。大家认为他既能写篇漂亮的文章，又广泛结交朋友，与汉时贾谊、战国时的信陵君一样都是少年得志，喜结门客之类，且好高谈阔论，针砭时弊。因此，朝内主事的达官贵人都忌恨李邕，使他被免去官职，流落京师之外。李邕相貌特别，入京后受众多人围观。一些士人争相登门拜访，或者求人打探，索求李邕新写的文章。

李邕是碑颂体记事文高手，不仅留下精美的碑刻书法，更留下一篇篇优美文章，在书法史上开创了书法和文学完美结合的典范。李邕不仅在书法技艺上精湛，在文史知识上功夫深厚，文辞优美，正所谓功夫在字外。李邕善于写碑志文，有资料记载他学习过蔡邕的碑文。《文选》和《文心雕龙》所选的碑文中，蔡邕的作品均入其列，蔡邕碑文写得很美，对李邕碑文创作产生了重大影响。有的书法家评价，李邕的文章水平甚至超过其书法成就。有人说大诗人杜甫赞美李邕的诗句"忆昔李公存，词林有根柢，声华当健笔，洒落富清制"，其实是赞美李邕的文章，而非赞美他的书法。

李邕以行书入碑，开创了中国碑刻之先河。因为李邕之前碑刻均用正楷书，很少人用行书入碑，李邕之后的碑刻也是楷书入碑甚多，很少用行书的。在中国的碑刻历史中，以行书大量书碑，又卓有成就者，首屈一指就是李邕了。虽然唐代也有行书入碑的，主要是唐太宗开了行书入碑风气之先。李世民作有《温泉》《晋祠》二铭，以行书刻石，创新意义重大。李世民书法虽很耐看，但未脱"二王"之气，可称"二王"临版。李邕则不同，不仅行书入碑，并且打破铭石书体庄重典雅的成规，赋予石刻书法较多的自由活泼，这也在一定意义上提升了李邕书法的书史地位和意义，成就了李邕在历史上书碑旗帜的地位。

"传创融合，世之楷模"。李邕无论是书法的理念和成就都可以说是做到了传承和创新的良好融合。在学书理念上他强调入乎其内而出乎其外，强调学书要重传承，更要重创新，才有了他那句"学我者拙，似我者死"的千古学书名句，为后人留下了宝贵的精神财富。"学我者拙，似我者死"富含书法哲理，通俗易懂广为传颂，也延伸到美术等其他领域，成为不少艺术家警劝他人的座右铭。

李邕不仅为中国书法事业的传承和发展树立了标杆，做出了成效，也对他之后的书法家产生了重要影响，为成就后世著名书法家发挥了示范作用。

某种意义上可以说，中国书法史中，历代专学一个书法家而成为大师，且卓有成效的，不是学米芾，而是学李邕。因为战乱频仍"二王"留下的碑帖很少，留存的真迹更是少之又少。在真迹罕见的情况下，要学"二王"就要找替代的书家，那么谁在历史上学"二王"最深，成就最大呢？当属李邕。所以某种意义上，可以说李邕是"二王"书风传承的真正导师。学"二王"一路书风，李邕是绕不过去的。同时李邕的书法主要体现在碑刻上，并取法于魏碑，因此学魏碑者，也要学李邕。而书法史上有大量文献佐证，赵孟頫、董其昌、苏轼、杨凝式、黄庭坚、欧阳修、米芾、何绍基、唐寅、徐渭、王铎等都曾专学过李邕。

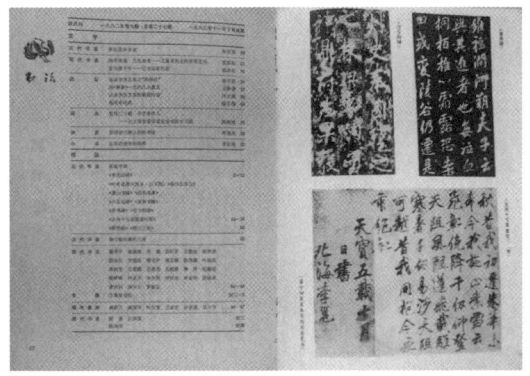

笔者收藏的1982年第六期《书法》杂志有李邕书法专辑，收录李邕12幅书法碑帖节选

历代影响

　　李邕是唐代书法家，因时代的局限，其影响在唐中期并未显现，只是到了晚唐后期，特别是宋明时期其书法艺术的价值和地位才逐渐被认同。这里还有一个时代背景值得一提，那就是中晚唐时对楷书的推崇，而对行书艺术的历史价值评价并非很高，只是随着中国艺术审美观念的发展，行书艺术价值才逐渐凸显，李邕的行书才被当作典范并被后世书家所承传。

　　从整个北宋时期看，颜真卿对书坛的影响最大，其次要数李邕的影响比较广泛。王羲之尽管在宋代仍有巨大的影响，但经过多次的战乱以后，所存书迹已是凤毛麟角，且大多为宫廷和私人收藏。李邕不仅传世的作品多，大多为铭石之书，又能传王羲之行书之神韵。故不论是从传播的角度，还是从学习的角度都是最为便利的。

　　同时，宋代随着文化发展的繁荣，人们对艺术审美的价值取向发生了变化，李邕的行书传承于王羲之，又融合了新的元素，形成了新的艺术特质，因而在北宋，李邕行书艺术价值终于得到重新阐释和肯定，其中欧阳修、苏东坡和米芾的推崇最为突出，宋四家中除了黄庭坚外，都在不同程度上受到李邕的影响。

欧阳修在其《试笔》云："因见邕书，追求钟、王以来字法，皆可以通。然邕书未必独然。凡学书者得其一，可以通其余，余偶从邕书而得之耳。"从这里可以看出，欧阳修认为李邕行书是通向钟、王笔法的桥梁。

苏东坡是著名的诗词大家和书法家。他写过《论书》讲了学习书法的感悟，其中很明确地提出他的书法受李邕的影响。《论书》中有一段话："荆公书得无法之法，然不可学，学之则无法，故仆书尽意作之似蔡君谟，稍得意似杨风子，更放似言法华。"这段话的意思是：王安石的书法不太讲究取法，但不能学他的，因为他的"无法之法"是自己的习惯太多，实际是"无法"。我的书法刻意的话，很像蔡襄，如果稍刻意则像杨凝式，如果放开来写，则像法华。苏东坡又提到，欧阳叔弼云："子书大似李北海。予亦自觉其如此。世或以谓似徐书者，非也。"欧阳叔弼说："我的书法很像李邕，我也是这么认为，有人说我的书法像徐浩，其实不是这样的。"

苏东坡不仅传承了李邕行书艺术的卓越成就，并且仔细研究且在晚年感悟出李邕行书艺术的深奥规律和独特风格，并极力推崇李邕书法。苏东坡每当得意处，不是自比杨凝式，就是自比李北海。苏东坡也曾自言，其运笔痛快处得之李邕《法华寺碑》。后人评说苏东坡"直到晚年师北海，更于平淡见天真"。黄庭坚说："东坡书如华岳三峰，卓立参昂，虽造物之炉锤，不自知其妙也。"苏轼写的天下第三行书《黄州寒食帖》，黄庭坚、董其昌等名家题跋，皆赞其精妙绝伦，并说东坡此书兼颜鲁公、杨少师、李西台（指北宋李廷中）笔意。也正是由于苏轼的尊崇，李邕行书的价值在宋代得到进一步确认。

米芾对李邕书法的评价具有两面性，但他也不得不承认李邕对其书法的影响。米芾曾写过一篇《自叙帖》谈及自己的书法经历，主要提及学过颜真卿、柳公权、欧阳询、段季展、褚遂良等，中间未有提及学过李邕。甚至有记载称米芾还看不起李邕书法，评价李书"如乍富小民，举动屈强，礼节生疏"。翁方纲《米海岳年谱》中曾引过米芾一段话："余年十岁写碑刻，学周越、苏子美札，自作一家，人谓有李邕笔法，闻而恶之。"意思是说，我在学习周越和苏舜钦的手法时，竟无意间有了李邕的样貌，这让自己感到厌恶不已。被米芾从小就临学的周越和苏舜钦是何许人呢？周越是北宋大臣、书法家，淄州邹平（今属山东）人，其书法艺术在北宋书坛影响巨大。宋初书法基本上是承袭五代书风，周越在此中起到了承上启下、嬗变转递的作用，"宋四家"都受其书风影响。苏舜钦是北宋词人，祖籍梓州铜山（今四川中江），后迁至河南开封。"汉书下酒"的故事就是讲苏舜钦的。苏舜钦以诗词闻名于世，书法水平也很高，特别是草书世代有名，有评："苏善草书，每酣洒落笔，争为人所传。"

从这些论述看米芾似乎是不喜欢李邕的书法的。但是宋代真实的情况是，经过唐末战乱，儒学受到破坏，宋代书法出现断层，欧阳修等名家极力倡导学习李邕，推动文人士大夫竞相效仿学习李邕。姜夔在其《续书谱》中说李邕的书法，倡导大小参差不齐，而开北宋书体之变。可见李邕书法在北宋书法发展中起到重要作用。米芾亦受李邕书法影响应不必多言。明代文彭曾题书言："米海岳风度高朗，神情舒畅，故下笔便与人不同，或言其书自沈传师来，晚学李北海。"宋代李之仪评米芾书曰："余尝评元章书，回旋曲折，气古而韵高，上攀李泰和、颜清臣为不足。而下方徐季海、柳诚悬为有余，未易咫尺论也。"由此可见米芾是在中后期学过李邕的。

米芾虽称学"二王"，但骨子里更多的是褚遂良和李邕的书脉。米芾还在李邕的碑中题过名。米芾30岁时到长沙拜谒《岳麓寺碑》，翌年赴庐山访《东林寺碑》，并两次都在碑上题名。明朝谢缙在李邕《永康帖》题跋说过："右李邕《永康帖》，米芾家故物也。上有亲迹等印具在，芾以摹本刻之，甚为宝惜。"米芾在《宝晋英光集》中还评价李邕书法"精彩动人，墨渴笔劲，想运笔神助"。这些都说明米芾后来对李邕书法是认可的。

米芾受李邕书体影响又对李邕有轻慢之词，当是米芾性格所致。他对其他唐代书法家都批评过。他曾评价唐书："欧、虞、褚、柳、颜皆一笔书也，安排费工，岂能垂世。李邕脱子敬体，乏纤浓。徐浩晚年力过，更无气骨，皆不如作郎官时《婺州碑》也，《董孝子》《不空》皆晚年恶札，全无妍媚，此自有识者知之。"米芾甚至还骂过王羲之，说"旧怜俊气闲羁马，老厌奴书不玩鹅。"

米芾对前人的批评是基于自身的美学价值标准的，他崇尚天真自然的书风，米芾自称写字是"刷字"，就是洒脱行笔，不拘工整，他对刻意安排、毕恭毕敬的书体和用笔都不予肯定，而李邕多帮人书碑，自然书体用笔讲究工稳，这是碑刻庄重肃穆之要求，特别是李邕以行书用碑，为适应书碑的要求，因此要调整笔法，书风更稳重刻板一些，行书中融入较多楷书用笔，因此不可能那么灵动，受到讲究洒脱自由书风的米芾这样书家的批评在所难免。

李邕对元代书法家的影响首推对赵孟𫖯书法的影响。元代也是一个书法推崇"古法"的年代，特别重视承继"二王"书风。李邕是学"二王"的杰出代表，因而李邕的书法对元代书法影响极大，赵孟𫖯作为元代书法的杰出代表，创造性地吸收了李邕书法之精髓，并将其与"二王"书法融为一体，形成了风格鲜明的赵氏书风，做到了既有传承，又有创新的"以古为新"的书法特色。

特别是李邕的《出师表》行笔结体都深深地体现在赵孟𫖯的书风中，历史上还有人误以为《出师表》是赵孟𫖯所书的。《出师表》扁平、灵秀的用笔与结构深深地影响赵体风格，赵孟𫖯的一些书作很容易看出李邕《出师表》的影响。

赵孟𫖯书法成就巨大，《元史》中有"篆籀分隶真行草书，无不冠绝古今"之说，是唐以后集书法之大成者。赵孟𫖯楷书既取了李邕之法，又自成新体，与欧阳询、颜真卿、柳公权并称中国书法史上的楷书四大家。赵氏书法"初临思陵，后则取钟繇及羲、献，末复留意李北海"。从这里可以看出，赵孟𫖯博采众长，出唐入晋，承唐创新，集了书家大成，终成元代书坛泰斗。李邕对赵体书风的影响主要体现在赵孟𫖯的中晚年作品。赵孟𫖯曾评价李邕书法，说唐楷太板正，"二王"又太飘柔，李邕的字刚刚好。当时赵体书风正脱雏形走向成熟，加之再临李书，这为最终形成赵体书风起了提升定型的作用。赵体在结构上吸收了李邕书法既厚稳又舒展，既庄严又灵动的特点。"赵楷"用笔结构沉着有力，端重庄严，这汲取了李邕书法厚重之法。有后人评论"赵楷"乃是李邕所创行楷的偏正写法。

赵孟𫖯与李邕一样，书碑水平极高，均号称当时第一。据不完全统计，赵之书碑有五十余篇。在这众多书碑中，赵孟𫖯有意效法李邕行楷入碑之法，在楷书中见行，静中含动、稳中求奇的碑书特点，改变了元初以前的碑铭风格，形成鲜明的赵氏碑法。明代书法评论家王世贞明确指出：赵的"碑刻出李北海，北海虽佻而劲，承旨稍厚而软"；《御服碑》乃一承制书，"又中年以后，笔当最妙，而出入北海，有不胜其婉媚者"；《大通阁记》"丰丽遒逸，肉骨停整，其学李北海"……赵孟𫖯书碑学李邕由此可见一斑。

赵孟𫖯以晋人真书行书相通之笔法，糅入李邕之笔意，形成柔顺流畅的用笔形态，再取李邕灵活飞动的结体，灵秀中透出骨力，厚稳中显露动姿，雅美工稳，卓尔群立于中国书法史上。赵孟𫖯研习过李邕的《晴热帖》等不少真迹，试图通过李邕书风一窥"二王"深奥的书理。

然赵与李生活在不同时代，有不同的身份和不同的人格特征，李属于傲世特立的名士，而赵是雍容不迫的雅士，尚有皇家遗风。故徐渭说"赵文敏师李北海，净均也，媚则赵胜李，动则李胜赵"确有一番道理。在元代，以赵孟頫为代表的一大批书家善学李邕书法，复古求新，创新求变，使元代书坛呈现蓬勃兴旺的气象，如元代的邓文原、元明善、陈子翚、张雨等人，成就虽不及赵孟頫，却也在元代书法发展中起了重要作用。有关书法史料均有记载，这些书家多学习和推崇李邕的书法。可以说，李邕书法不仅在很大程度上影响着赵氏书风，并进而影响整个以赵氏书风为核心的元代书风的形成与发展。

李邕对明代书家的影响则首推董其昌。

董其昌是明代大书家，他特别重视临古取法，自唐上溯及魏晋，并探究宋人墨迹，举凡钟繇、"二王"、虞世南、褚遂良、张旭、颜真卿、怀素、杨凝式、苏轼、米芾等大家，董其昌都临习过，但他对李邕评价极高，"右军如龙，北海如象"正是出自董其昌之口。董其昌官职高，名声大，当时他对古书画的评论可说是一言九鼎，后世不少人更是奉为圭臬。董其昌在《画禅室随笔》中的《评古帖》有多处评过李邕法帖碑刻。

题娑罗树碑后云：

《保母帖》《辞中令帖》大令实为北海之滥觞。今人知学北海而不追踪大令，是以佻而无简，直而少致。北海曰："似我者俗，学我者死。"不虚也。赵吴兴犹不免此，况余子哉？

题云麾将军碑云：

此碑文多不全，独此刻。前后读之，皆有伦次。当是石未泐时拓本，殊可宝藏。欧阳金石录，每有不以书家见收者，况北海为书中仙乎？

跋李北海缙云帖云：

黄长睿评张从申书，出于北海赵子固。又以北海学子敬，病在欹侧，若张从申即无此矣。然从申书，实似北海之法华寺碑。而北海出奇不穷，故尝胜云。余尝谓右军如龙，北海如象，世必有肯予言者。

李邕对清代书家的影响主要是何绍基。

何绍基（1799—1873）是清代著名书法家，也是藏书家和编修史家，湖南道州（今道县）人，字子贞。他的书法承继颜真卿、李邕、王羲之和北朝碑刻之间，取法高古，特色凸显。何绍基潜心学习过李邕，特别喜欢《李思训碑》《麓山寺碑》。现有何绍基临《麓山寺碑》作品传世。何绍基还专门为李邕代表作《李思训碑》题跋。何绍基藏了一个李邕的《法华寺碑》宋拓孤本，极为珍贵。何绍基在跋重刻李邕《法华寺碑》拓本时，高度概括李邕所书《端州石室记》"敦朴"，称《麓山寺碑》"遒劲"，《李秀碑》"肃穆"，《卢正道碑》"精丽"，《灵岩寺碑》"静逸"，"龙兴寺额"四个大字"雄厚"，皆各选其妙，而"纯任大机，浑脱充沛，则以《法华寺碑》为最胜"，又认为继欧阳询之后惟颜真卿、李邕"各能出奇，可与是鼎足，而有唐书势，于是尽矣"。何绍基很推崇《麓山寺碑》，在《东洲草堂文钞·跋麓山寺碑并碑阴旧拓本》云："北海书发源北朝，复以其干将莫邪之气，决荡而出，与欧虞规矩山阴者殊派，而奄有徐会稽、张司直之胜。……《云麾》颇嫌多轻倪处，惟此碑沉着劲遒，不以跌宕掩其朴气，最为可贵。碑阴字肃穆劲实，与《李秀碑》近。"何绍基是有清一代研学李书最成功的书法大家。前面说的济南大明湖历下亭楹联杜甫名句"海右此亭古，济南名士多"，即为他所书。历下亭东壁仍存其《重修历下亭记》石刻。何绍基推崇碑学，李邕留下的碑甚多，自然成为何绍基书法的范本，何绍基临碑水平极高，现存许多何绍基临名碑的书法作品，堪称佳作。

李邕书法对现当代书家影响当推林散之。林散之是近现代书法家，成名较晚。林散之以学《怀仁集王羲之书圣教序》为基础，博采众长，

121

但学李邕书体时间最长,学草书主要学王铎,学行书主要学李邕。林散之在王铎草书诗卷后面的题跋中说:"觉斯(王铎)书法出于大王(羲之),而浸淫李北海,自唐怀素后第一人,非思翁(董其昌)、枝山(祝允明)辈所能抗手。"林散之强调不能成书匠,赞成李邕说的"学我者死,叛我者生"的学书理念。他说过,"余初学书,由唐人入魏,由魏入汉,转而入唐、宋、元,降而明、清,皆所摹习……于唐学颜平原、柳诚悬、杨少师、李北海,而于北海学之最久,反复习之。以宋之米氏、元之赵氏、明之王觉斯、董思白诸公,皆力学之"。

另外,值得一提的是,李邕的书法对乾隆皇帝也有影响。清乾隆皇帝对书法极为喜爱,他搜集历代书家名帖名碑进行临习,对喜欢的名帖多次临习,形成了历史上有名的御笔书法。

帝王书法是中国书法史上的特殊历史现象,由于书写者的特殊地位,除了书法本身的艺术价值外,还蕴含丰富的史料和社会价值,而且对书法等文化艺术事业有着极大的引领导向和示范作用。在乾隆临的名家书法中,故宫藏乾隆御笔书法手卷有近500件,其中就有《临李邕法华寺碑》,其横轴现仍存故宫博物院。

笔者收藏的1997年出版的《李邕书法选》

"曲高和寡"之因

人们不禁会问，李邕在官场上"小有声名"，是一个诗书文均有突出成就的大家，而且也留下许多碑帖作品，那为什么临学李邕书法的人很少呢？

一是历史典籍和书法历史对李邕的记述和评论不多。如《旧唐书》和《新唐书》记述李邕的不多，且评其文章长于书法。《唐会要》主要是记录两唐书未收录的唐代史实，但在卷三十五书法中并没有提及李邕。北宋初年的《太平御览》作为"类书之冠"，共有七处提到李邕，却依然没有提及其与书法有关的内容，只在文部和工艺部中提到李邕文学方向的造诣。同期成书的《太平广记》是以记录野史、道经、释藏为主，但亦均记录李邕为官之事，未提及其书法。在诸多记录唐代历史的文献中，无论官修正史还是民间野史均未有收录与李邕书法有关的条目，从中可以看出李邕当时书法地位并不高，而文章和为官更有名。

二是李邕性格刚直，官运不顺，命运多舛，时为朝廷杖刑处死，唐代时归入谋反官类，不被宣扬。作为朝廷罪臣，有唐一代自是不可能给李邕好评，史料也很少记载，人们为了避嫌，甚至是避而不论，唐时无人敢论，导致官名不显，书名不彰。

三是李邕千古名句"学我者拙，似我者死"的学书名句振聋发聩，使一大批摹学者望而却步，导致后代学他书法的人很少。李邕的这句学书名言既是对自己书法的自信，也是对众多书者的轻视。尽管这句话可说也是艺术的普遍规律，可就是这句话使后进书家不敢学李邕的书法，担心学他的字会走向死胡同，因而学他的书法者"人气不旺"，即使学习者也是谨慎有余。

四是李邕书法致力创新求变，结体险峻，极具特点，难摹难学，令不少人半途而废。学习李邕的书法，如果结体和笔法研究不深，把握不好，很难取法到位，因而许多人望而却步畏难而退。李邕书法求变先是学王羲之，而后反王羲之之道而行。王羲之在《笔阵图十二章》提出了一些书法结体上的毛病，如字写得上大下小，上宽下窄，左强右弱，左大右小。而李邕书法结体恰恰反"王"，出现奇峻奇险之态，很多人学惯了王羲之，对李邕的创变把握不好。此外，李邕的字既行又楷，既稳健又灵动，既刚又柔，很难临摹，不少人学而不进，学而不精，最终知难而退，半途而废。

笔者收藏的 1989 年出版的《唐李邕书少林寺戒坛铭》

五是当前对李邕的研究、挖掘、整理和宣传不够。李邕作为一个在历史上有特殊经历、传奇故事、书法地位的历史文化人物，其文化典籍、书法碑帖、诗文遗迹尽管只是中华传统文化的沧海一粟，但也是有着一定的历史光芒。现在对李邕的诗书人生研究、挖掘、整理不够，尤其是对李邕其人其事其书其诗其文的宣传不够，即使有宣传也只是在江浙地区局部区域开展，而且多数没有从书法传承、诗文品鉴及其为官为民的历史背景和时代意义去分析研究。再如，李邕书法作品的编辑整理不够，李邕所作的众多碑刻，现在整理出版的远远不足。这些也使现在许多书法爱好者不知李邕的名和事，不识李邕的书法。这不能不说是一个遗憾。李邕的文化地位在其时代不显，那是时代的历史局限，而现阶段我们要跳脱出古人的局限，以辩证、客观的态度去挖掘、整理、研究、认识李邕，特别是李邕书法在传统文化中的特殊意义，助力优秀传统文化的传承、弘扬。

附：

学习李邕书法的感悟

李邕书法险峻遒劲，刚健生动，大气潇洒，是很难摹学的一位书家。他的一句"学我者拙，似我者死"又使许多人望而却步，不敢学临，因此在现代书法展览中学李邕书法而入展的不多，获奖的也不多。

学习李邕书法，评价以及欣赏李邕书法，是一个学习思考和研究感悟的过程。学好李邕书法，要有系统的观察，反复比较，步步深入，把握关键，对照标准，凸显特色，主要可从如下几个要点入手。

一是学习取法，问"英雄"之来路，学书法之法源。首先要对李邕书法作品进行总体的分析研究与评价，看他主要学习谁的书法，取法谁？承继何朝何代大家？从资料和书法特点看，李邕主要是取法"二王"，是师承正脉，剑走偏锋，同时，李邕又取法魏碑，增强书法之刚健。一般取法要古，要早，要高，所谓"取法乎上，仅得其中"。学李邕书法可入晋唐，避免俗书。学李邕书法要看作品取法是否到位，是否承传了所取书法的鲜明特色，是否体现了所承继书家的独特风格和典型笔势结体。书法要守正，是传承的艺术，如果取法不古，法不到位，书法的路子就难以走上正道。有人说某人的书法是"野路子"，说的就是根基不牢，临帖不精，或是半路出家。典型的如，不求学法或取法没有到位，或者取法很浅，按自己的书写习惯，不重法度，缺乏来路，用毛笔写钢笔字。就李邕书法的学习而言，要通过一段时间学习，熟练地见得到、看得清其取法之源，风格特点，重点学李邕在用笔、结体、章法的特点。要多读多看多悟多记李邕之帖，经典之碑。李邕碑帖很多，作品也很多，但要抓住主流和重点。李邕名家碑帖和代表性作品也就二三十幅，如果我们是专学几个书体如楷书、行书，再集中一点，李邕碑帖中经典古法可承的也就十多幅，对这些代表作要多看多练，反复比较，刻入脑中，形成图像，熟记要点，久而久之方可熟能生巧。特别是代表性的字要记于心中，用时可放大特点，以显李邕法度之特色。

笔者临摹李邕作品（1）　笔者临摹李邕作品（2）　笔者临摹李邕作品（3）

二是学习结体，求字体之"稳灵"，学书法之姿态。李邕书法结体特色明显，每个字稳重又灵动漂亮。李邕的字，特点主要是通过结体风格体现出来的，不同于王羲之的柔美，颜真卿的刚健，李邕书法险峻而灵动，特色鲜明，竞放异彩。李邕书法结体厚重，取魏碑之稳健，又洒脱飘逸，取晋唐之柔美。李邕哪些字取法北碑，要对照着结体特点，穿插一些魏碑的临习，强化刚健之气韵。李邕书法结体既稳重平正，但又不死板；既端庄大方，但又不缺乏生气。厚重中有"笨拙"感，体现趣味，放射古韵，但太拙又容易滑向丑书，误入歧途。李邕结体风格可说是最明确的特征、最亮眼的风采，而名家结体又是由一些特色字形来体现风格的，因此学习功夫要下在钻研结体字形上，研究结体中笔画的比例关系，竖横的对比关系，行笔的避让关系，要对各名家的书法结体有研究比较才能一目了然。要多看李邕作品和集字帖，特别要善于记住李邕书体特色字形，特殊结构处理，特定的比例关系，特别的运笔方式，把特色凸显出来，张扬出来。结体比例不当，字就失当失稳，尽失美感，这是学李邕结体必须牢记的。

笔者临摹李邕作品（4）　　笔者临摹李邕作品（5）　　笔者临摹李邕作品（6）

　　三是学习笔法，求线条之弹性，学书法之锋势。学习李邕书法要注重笔法或字法基本功，每个笔法要有交代，要让人看得清，看得懂，书法字的线条要生动，有张力，不能随意抖动，力求笔画均匀。不能宽窄不一，横竖不正，断断续续。李邕笔画不呆板，有骨力，刚劲挺健，学

附：学习李邕书法的感悟

李邕书法行笔不能软弱无力，横直又不能太正，以求峻奇之美。笔画要圆润，有"血肉"，但不能形成"墨猪"形笔画，而是要有筋骨力。重如坚木稳重，细如游丝清晰，轻重有度显刚健。要经得起一个一个字看，一笔一画看，有的字整体看不错，但细看时有败笔、劣笔、多笔、少笔，交代不清之笔，或有多余之笔。为什么《兰亭序》好，就是笔法、章法、结体完美结合，特别是笔法精到，中锋行笔，笔笔见锋，笔锋清晰，每一笔交代得很清楚，没有随意多笔、少笔，也没有无缘无故的长笔、短笔，一笔一画很干练，很清楚，细微之处见神采，起承转合见功夫。

笔者临摹李邕作品（7）　　笔者临摹李邕作品（8）　　笔者临摹李邕作品（9）

四是学习章法，观整体之布局，学书法之景象。学李邕书法要处理好书法的局部和整体的关系，包括字与字、行与行、字与行。疏密有度，竖行要直；"疏可走马，密不透风"都不可取；轻重相间出现，枯湿相互映照，变化有章法。不能太疏太密，黑白空间布置要合理。李邕的行书布局行距稍宽，要把握好，如处理得不好就会显得太松散，布局要有错落感。李邕的楷书布局要有整齐感，字形大小有反差，但不可大小失度。李邕碑帖多是刻碑拓印而成，作为现代书法创作与碑刻章法不一样，不能照搬。整幅书法要气韵生动，俗称有味道。落款有序，印章起画龙点睛和在黑字墨色中出现"一点红"的提神效果。一般而言，一幅书法"章不过三"，有的名帖印章很多，是收藏家的，不是书法章法要求的。正章有两枚的，一阴一阳，上阴下阳，上小下大。闲章在右上方，高不过首字，闲章不宜四方四正，可取方圆异形。当然大幅作品在中间适当位置加方闲章也是可以的。

笔者临摹李邕作品（10）　　笔者取法李邕书法创作作品（11）　　笔者取法李邕书法创作作品（12）

五是学习墨法，品作品之韵味，学书法之气质。学李邕书法要学到其稳重力度，特别是力透纸背的厚实感。书法字不可一般大、一般粗，要有干湿变化，不能有燥气，不燥不肿，稳重变化，互相呼应。有的用墨太干，墨中水韵不够，笔画失去圆润，枯而无韵。要讲求版面干净，

所谓一幅书法"干净"的意思，如同看一个人的肤色，很白净，黑白分明，轮廓分明，不能该空白的地方滴了墨，该黑的地方又不黑。行笔徐缓有序，运笔不可过于求快。李邕字最稳实不"飘"，不会滑入草率，失去从容镇静。说一个人的字太"飘"，通常是指写字太快，笔画轻浮。提和按富有力度，按笔更重要，提笔时也不能太草率。现在学书者普遍的毛病是写字太快，一笔一画没有交代清楚，起承转合讲究不够。从书法作品看行笔的速度，有时需一丝不苟，一笔一画稳重从容，有时需行云流水，一气呵成。一幅书法的首行之字、首字之势决定一幅字的气韵贯通，"一字成一规，一规成一体，一体成一势，一势贯全幅"之说，就是说明首行字和首个字的重要性。从书法作品的笔墨走势可以分析判断书者创作时的心情。元代书评家陈绎曾说过：喜即气和而字舒，怒则气粗而字险，哀即气郁而字敛，乐则气平而字丽。情有重轻，则字之敛舒险丽，亦有深浅，变化无穷。

笔者书法作品《文以载道》　　　　笔者书法作品《华德天成》

六是学习风格，显自身之特色，学书法之风貌。一幅好的作品，既要看出古风古韵，有书法名家法度传承，又要自成一体，彰显个人风貌，具有较强的辨识度，即所谓学习书法"先要走进去，然后要走出来"。如果一味临摹，临摹名家再像，也仅仅是取法到位。没有走出前人的风格，只是书匠而已。反之，太有特色而任由个性自由发挥，则失去法度容易滑入"江湖体"，自己的风格太多如不合法度则是取法不到位，也只是有写字的功底，而没有书"法"的境界。李邕书法的特色明显，不能走进去了，出不来，否则学得很像那也只是有"李邕味"而没有自身特色。一幅作品要看其与李邕书法传统结合得如何，又要看是否有新意。要像李邕，又不是李邕。李邕说过"学我者拙，似我者死"，就是这个道理。书法风格是长期形成的，一幅作品如果把落款盖住了也能一眼看出是谁人之作，说明有自己的风格，有自己的体式。另外，风格也要稳定，写到哪里都是自己的特色，相对固定下来，才能形成稳定的风格特点。

笔者书法作品（1）　　笔者书法作品（2）

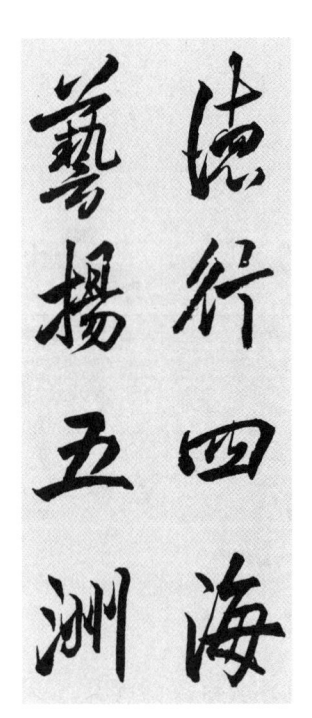

附：学习李邕书法的感悟

　　七是学习"文法"，悟文化之内涵，学字外之功夫。一幅出色的书法作品，不但是技法优秀上乘之品，在内容上也应是尽善尽美的。好的书法作品既要有字内功夫，又要有字外功夫。所谓字外功夫，就是要有文史知识，自作格律诗词要符合格律规范，特别是格律的"韵声粘对"要过关。李邕是诗文高手，文章大家，熟通古典，学李邕书法也要学其文章，强化文史知识学习。书法内容不能有错别字，繁简尽量统一，不能有的用繁体，有的用简体。所写内容要避免词不达意，文不得体，名言名句佳诗出处有序，典出有据。创作要因人而异，因时而作，量体裁衣，典故可考，做到恰如其分。抄录诗词文赋要讲求时政要求，了解原作的时代背景，不能词不适势，用错地方，引发歧义。抄录唐诗宋词要注意原作者写诗词的时代背景和意境及其思想表达。悲愤发泄之诗词不能用于喜庆的场合；亡国、悲伤、忧民之诗词不能随便赠人。要多读多看多记《道德经》《论语》《孟子》等四书五经中的解释，知其然还要知其所以然。

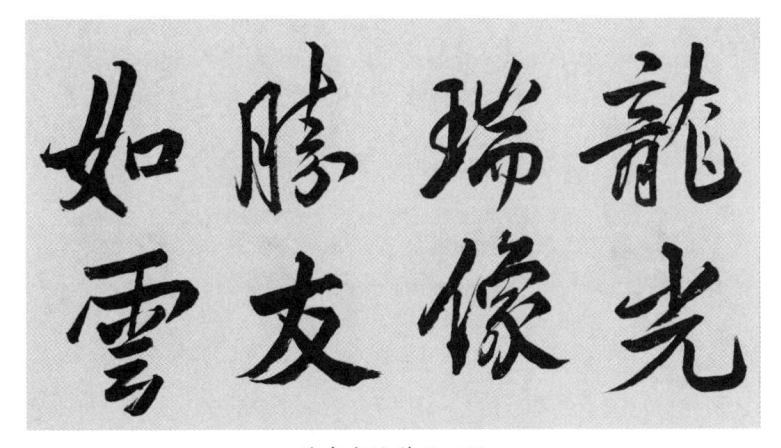

笔者书法作品（3）

笔者书法作品（4）

笔者书法作品（5）

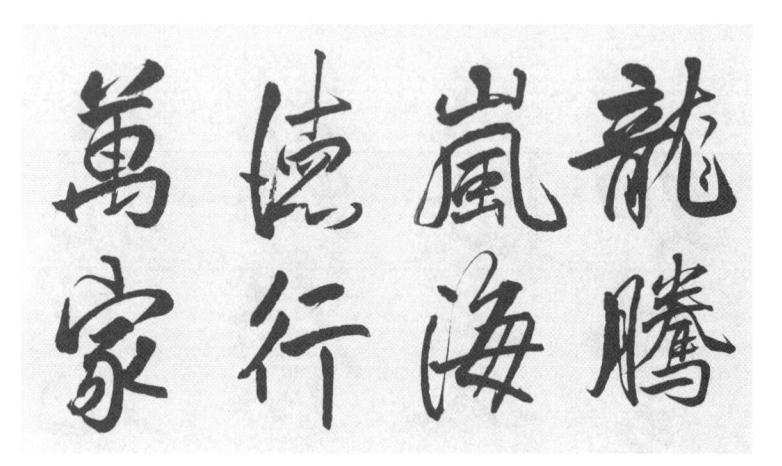

笔者书法作品（6）

附：学习李邕书法的感悟

笔者书法作品（7）

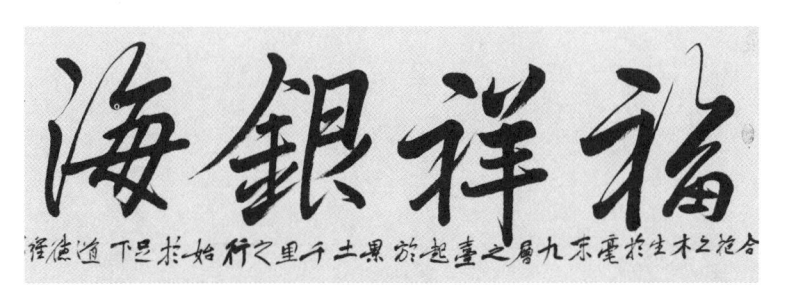

笔者书法作品（8）

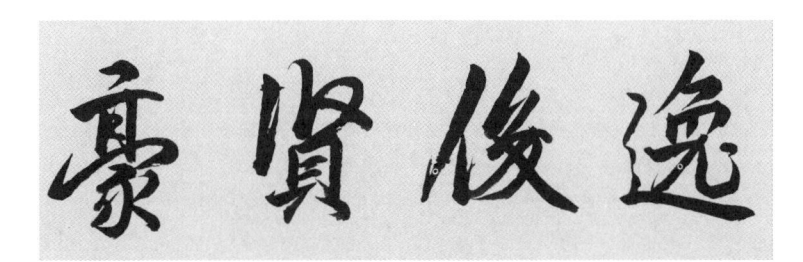

笔者书法作品（9）

135